Contemporary Classics

今こそ名著

代表的日本人

徳のある生きかた

内村鑑三

道添 進◎編訳

日本能率協会マネジメントセンター

はじめに

『代表的日本人』(Representative Men of Japan) は一九〇八(明治四一)年、キリスト教関係の書籍専門の出版社だった警醒社《けいせいしゃ》から英語で出版された。日本語から英語に訳したものではなく、著者の内村鑑三が英語で書き下ろしたものである。英語のネイティブ・スピーカーに丁寧に修正してもらったとはいうものの、当時すでに国際語だった言語で書いた点だけをとっても、快挙というべきだろう。内村鑑三が英語でこの本を書いたのは、欧米社会に日本人の内面や行動規範がどういうものなのかを伝えたかったからだとされる。もともとは、一八九四(明治二七)年に上梓した『日本及び日本人』(Japan and Japanese) を改訂したものだ。また本書のデンマーク語訳やドイツ語訳は、英語版よりも先に出版された。

ちょうど同じころ、やはり英語で書かれ、出版されたのが、新渡戸稲造の『武士道』(一九〇〇年)と、岡倉天心の『茶の本』(一九〇六年)だった。これらの三冊は、東洋の新星だった日本を知る手がかりとして、欧米の知識人の間で広く受け入れられた。

もちろん、この三冊には、明らかに表現の違いがある。たとえば『武士道』の原文が、必要最小限の無駄のない表現を用いた簡潔な筆の運びだったのに対して、この『代表的日本人』の原文は、一文、一文が、なかなかとぎれない。それは説教、説法が熱を帯びてきて、饒舌になっていく様子を連想させる。読んでいて大変小気味良いのだ。日本語で書かれたほかの内村作品もそうだが、基本的に明るい文体だ。そのニュアンスを訳出するのは難しいが、この本の第2部 現代日本語訳では、できるだけ歯切れ良く整理してみた。

また、第1部では『代表的日本人』が記された背景や一〇〇年以上も読み継がれてきた理由を探る中から、内村鑑三が伝えたかったことを読み解いてみることにした。

内村鑑三が選んだ代表的日本人は、生きた時代も立場も違う、五人の列伝と見ることができる。

西郷隆盛……政治家
上杉鷹山……地方大名
二宮尊徳……篤農家《とくのうか》
中江藤樹……教育者
日蓮上人……宗教家

ただ、歴史を振り返れば、もっとスケールの大きそうな英雄もいるだろう。「なぜこの五人なのか」という疑問を抱くかもしれない。

この五人は、名声などどうでもよく、自分から目立とうとする人ではなかったが、それでも人々に愛され、結果的に歴史に名を残した人たちだ。

第3部では、五人の代表的日本人が残した言葉や行動の中から、現在に生きる私たちが今こそ学ぶべきことを、「徳を高める」「信念を好機と捉える」「ゆるぎない信念を抱く」「リーダーシップを育む」「実践の人となる」という五つの視点から紐解いてみた。

内村鑑三が「なぜ、この五人を代表的日本人として選んだのか」

その答えは、五人に共通する『徳のある生きかた』という命題をじっくりと吟味していくことで、「やはりこの五人でなくてはならない」と、納得されるのではないだろうか。

代表的日本人　徳のある生きかた◎目次

はじめに　3

第1部　名著『代表的日本人』とは

1　『代表的日本人』が記された背景　12
日本人論の先駆け　12
アイデアを共有する工夫　13
グローバルな視点　14
逆境から生まれた希望の書　15

2　一〇〇年以上読み継がれてきた理由　16
自らも事業人として　16
リーダーシップの姿とは　18
等身大の偉人たち　20

3　内村鑑三が伝えたかったこと　21

実績よりも大切なこと 21
誰もが後世に託せるもの 22
一人ひとりの代表的日本人 23

第2部 現代日本語訳で読む『代表的日本人』

第1章 西郷隆盛――新しく日本を創った人 27
1 一八六八年は日本の革命だった 28
2 誕生、教育、天啓 32
3 維新における役割 39
4 朝鮮問題 46
5 反逆者になった西郷 50
6 西郷の生き方と人生観 54
第2章 上杉鷹山――封建領主 71
1 封建制度による統治 72
2 人物像と業績 76

3 藩政改革 82
4 産業改革 87
5 社会と道徳の改革 92
6 鷹山の人となり 99

第3章 二宮尊徳――農民聖人 107
1 一九世紀初めの農業の現状 108
2 少年の頃 111
3 手腕が試される試練 115
4 一個人としての人助け 129
5 公共事業への取り組み 136

第4章 中江藤樹――村の先生 149
1 日本で行われていた教育 150
2 幼い頃と自覚 156
3 母への敬愛 160

4　近江の聖人　162
5　満ち足りた内面を持つ人　174

第5章　日蓮上人――仏僧　187
1　日本における仏教　188
2　誕生から出家まで　197
3　暗黒の内と外　200
4　自らの見解を表明する　210
5　ただ一人、世に対峙する　214
6　剣難と流罪　218
7　晩年　222
8　その人となりについて　225

第3部　『代表的日本人』に学ぶ5つの信念
1　徳を高める　237

2 試練を好機と捉える 246
3 ゆるぎない信念を抱く 250
4 リーダーシップを育む 256
5 実践の人となる 260

第1部

名著『代表的日本人』とは

1 『代表的日本人』が記された背景

●日本人論の先駆け

『代表的日本人』が出版されたのは、今から約一一〇年前、一九〇八年のことだ。まだ日露戦争の騒々しさが収まりきっていなかったころ、鎖国を解いてから、半世紀も経たないうちに日清戦争に勝利し、さらに大国ロシアを負かした日本とは、いったいどういう国だろう。欧米の国々の関心がこの東洋の小国に集まる中で、それに答えようとしたのが本書だった。

硝煙《しょうえん》の残滓《ざんし》がまだそこここに漂っていそうな日露戦争のわずか数年後、日本の国際的な立場は微妙だった。国内では、「勝った、勝った、また勝った」の提灯《ちょうちん》行列はおさまったものの、次第に物質的な豊かさが重視され、強い者が勝ち残っていく風潮になっていた。そんな中で、日本人はけっして好戦的でもなければ、野蛮でもない。むしろ聖書が説く教えにも共通する徳目を持って誠実に生きている。その主題を内外に伝えたくて、内村鑑三はペンを握った。いわば、日本人論のさきがけだったといえるだろう。

●アイデアを共有する工夫

では、どうすれば自分の意図を西欧の人々にわかりやすく伝えられるだろうか。内村鑑三が考えついたのは、秀逸な方法だった。

それは、聖書と重ね合わせることである。聖書に記されているさまざまなエピソードを引き合いにだして、登場する人物たちの考え、行動、業績を、語っていくという手法だ。そうすることで西欧の人々も、著者が言おうとしていることをイメージすることができると考えたのだろう。そこには、日本人は特異ではなく、むしろあなたがたと共通する面がたくさんある。さらには、聖書の中で聖者たちが抱いていた理想すら実現した日本人がいる。ということを自然に描き出しているようだ。そしてその使命を果たす上で、この五人こそ最強の布陣だったのである。

西郷隆盛は、天の法に従って行動し、正義が正しく行われる国づくりを目指した。上杉鷹山は封建社会にあって、徳政によって理想の民と領主との関係を築いた。二宮尊徳は徳の力によって荒れ果てた村を再生させた。中江藤樹は徳を高め、正直に生きることの大切さを説いた。日蓮は権力に屈することなく、民衆のための宗教改革を行った。

この五人に共通するのは、聖書の教えにも通じる天の声を聞いたこと。そして徳によって身を律しようとしたこと。日本人は外国との戦争に勝ったからといって、決して戦いを好んではいなかったこと。徳を大切にし、思いやりにみちていたこと。こうした資質を西欧の人びとに伝えたかったのだ。

●グローバルな視点

それにしても彼はこの西洋と東洋のエッセンスを結びつける着想をどこから得たのだろうか。内村鑑三は、聖書研究を基本とした宗教家だった。自らもキリスト教に帰依《きえ》し、教会に頼らない無教会主義を唱えた人だ。もっとも、初めからそういう環境に育ったわけではない。内村鑑三は、幕末の高崎藩に武士の子弟として生まれた。その頃の武士の子たちなら、幼い頃から儒教を学んだろうし、侍として神仏を拝んでいたはずだ。また、少し年がいけば、藩校で四書五経を紐解いたに違いない。

だがこの武士の子は、一〇歳の頃から英語に親しみ始めた。そして明治一〇年、東京英語学校で学んだのち、札幌農学校の二期生となって入学した。そこには敬虔《けいけん》なクリスチャンとして知られるウイリアム・S・クラーク博士が教頭として赴任していた。この学校の校則はただひとつ、「ビ・ジェントルマン（紳士たれ）」だ。クラーク博士は、あの有名な「ボーイズ・ビ・

アンビシャス（若者よ大志を抱け）」を学生たちに言い残して帰国していった。内村鑑三は直接博士から学ぶ機会はなかったが、同窓生には、のちに『武士道』を書いた新渡戸稲造がいた。

内村鑑三は、この札幌農学校時代にキリスト教徒となった。のちに教員の職を得たが、伝導者になることを決心して辞職した。やがてキリスト教徒の国を自分の目で見たくなり、アメリカに私費留学をした。その後、同郷の先輩、新島襄の紹介でマサチューセッツ州のアーモスト大学に留学。さらに、コネチカット州のハートフォード神学校で学んだ。

こうして東洋と西洋の文化の両方を身につけ、いわば外から日本を客観的に捉えるようになった。今でいう、グローバルな視点と言える。

●逆境から生まれた希望の書

『代表的日本人』は、内村鑑三の不遇の時代に書かれた。一八九〇（明治二三）年、内村鑑三は東京大学の前身である第一高等中学校の嘱託教員になった。けれども、教育勅語《きょういくちょくご》に書かれた天皇の署名への礼を拒否して、一高の教員を退職せざるを得なくなった。いわゆる不敬事件と呼ばれているものである。それから彼は文筆活動を続けながら、家族とともに日本を転々とし、苦労を重ねた。しかしながら、その間に信仰をかえって強くし、『代表的日本人』の構想もこの時に練られたという。

そのような逆境のさなかに生まれたものであるにもかかわらず、この作品には対照的にあたたかいまなざしが感じられ、読後感がよい。おそらく著者自身の生来の明るさや希望が宿っているのだろう。

2 一〇〇年以上読み継がれてきた理由

●自らも事業人として

『代表的日本人』は、近代の名著として、ずっと読み継がれてきた。とりわけビジネスパーソンに愛読されているのが特徴だ。教養を高めるだけでなく、そこに生きる上での気づきがちりばめられているからなのだろう。内村鑑三自身も事業人として優れた手腕を発揮した人である。彼は無教会派という一種の学校を運営していた。また、『聖書之研究』という雑誌を発行し、一生涯のライフワークとしていた。その上で、人としてどのように生きるかを、本書に託している。

この本の登場人物である西郷隆盛は政治家、上杉鷹山は地方大名、二宮尊徳は篤農家、中江藤樹は教育者、そして日蓮は宗教家だ。五人に共通しているのは、人を導く立場であるということだ。逆にいえば、日本人はこういう人たちに導かれてきたという、すぐれたリーダーシップ論となっている。

以前、上杉鷹山が再興した米沢藩校、興譲館《こうじょうかん》を取材した際に、こんなお話をうかがった。

「上杉鷹山が尊敬されている本当の理由は、財政再建をしたからではありません。人づくりをしたからです」

著者の内村鑑三は、代表的日本人の一人として、大借金にあえぐ米沢藩の財政を道徳によって立て直した上杉鷹山を紹介している。確かに、よくよく読んでいくと、本書が紹介する鷹山改革とは、単に数字の帳尻を合わせたのではなく、人間をつくるところから始めるという壮大な計画だったようだ。思慮深く、穏やかな鷹山像が本書からはイメージされるが、実際のところ、とりわけ人材育成の面で強いリーダーシップを発揮したのだろう。

ジョン・F・ケネディが大統領就任の際に、もっとも尊敬する日本人として上杉鷹山を挙げたという俗説がある。経済を立て直した政治家としての鷹山のリーダーシップに、ケネディが感銘を受けたというのだ。今のところ、それを証明する記録はないようだが、事実だとすればすばらしいエピソードだ。ただ、そうした話が出てくるのも、英語で書かれた『代表的日本人』や『武士道』があったからだろう。

●リーダーシップの姿とは

この本に登場する西郷隆盛にまつわる話として、鹿児島の維新ふるさと記念館では、こんな歌を聞かせていただいた。

「虫よ、虫よ、五節草《いつふしくさ》の根を絶つな。絶たば己も共に枯れなん」

これは西郷が好んで口ずさんでいた歌だそうだ。虫とは役人を指し、五節草とは稲のことで、ここでは稲を作る農民を指す。農民がたちゆかなくなるような仕打ちをすれば、武士も滅びてしまうのだという歌だ。これは、西郷がまだ薩摩藩の下級武士だった若いころ、上役の郡奉行、迫田太次右衛門《さこたたじえもん》が西郷に渡した一句だという。飢饉《ききん》で苦しむ農民に、年貢の手加減をするなという藩のやり方に憤慨《ふんがい》し、太次右衛門は奉行を辞することにした。そのとき、部下の西郷にこの歌を託した。それは、西郷がどのようにリーダーシップを培っていったかということにつながっていく。本書に描かれているように、明治維新の象徴的な役割を果たした西郷だが、その目線は、常に庶民や弱者の立場に置かれていた。

それは、本書で二宮尊徳が、指導者としての武士のあり方を家老に語っている箇所に共鳴する。飢饉がやってきて何の手立てもない時、家老や奉行はどうすべきか。残された解決策はただ一つ、率先して死ぬべきである。そうすることで、農民たちは立派な指導者を失ったことを嘆くだろう。そして、自らの備えのなさを恥じると共に、飢饉の恐れを克服して、生きようと努めるだろうというくだりだ。

また、四番目に登場する儒学者中江藤樹は、近江の小さな村の先生として、ひっそりと生涯を過ごした。ふつうなら、歴史の表舞台には見えてこない人生だ。高禄《こうろく》をなげうち、藤樹は「道は永遠から生ず」という信念だけを伴侶にして、一人我が道を歩き始めた。けれども、ふと振り返ると、たくさんの人がついてきていた。のちに陽明学者となった熊沢蕃山《くまざわばんざん》や、岡山藩主池田光政《みつまさ》をはじめ、全国の有力者が彼のフォロワーとなっていたのだ。これもまた、リーダーシップの一つのあり方だろう。

日蓮もまた、信念の人だった。自分は一介の僧侶にすぎない。けれども仏の教えを広めるという特別な使命を帯びている。内村鑑三自身も一人の宗教家として、この日蓮の生きた姿にリーダー像を見ていたのではないだろうか。

●等身大の偉人たち

ここでちょっと、この本の各人物列伝の構成を見てみよう。

まず、各章の第一節では、登場人物の人となりはまだ語られない。ここでは著者が、欧米世界にどんなことを伝えたかったのかが要約されている。内村鑑三自身の言葉として、熱く語っているところで、主張がふんだんに込められている。そして、ここをしっかり読めば、ご褒美《ほうび》のように、次からの節が面白く読める構成になっている。

第二節からは、各人物のストーリーテリングだ。生い立ちや、人生のハイライトについての名場面をコンパクトにまとめている。これが読み継がれる一つの魅力となっている。

この登場人物を執筆するにあたって、かならずしも権威ある資料に準拠したのではないそうだ。どちらかといえば当時の庶民でも手に入る、気軽な読み物をもとに筆者は五人の人物列伝をこの本に記していったようだ。史実としての厳正さはこの本のテーマではなかったのである。それよりも、今なお、広く日本人の間に受け入れられている西郷や鷹山や日蓮などの人物像に着眼した。そこに著者は、日本人の原風景を見いだしたからだろう。だから、この本には、教科書では習わなかった偉人たちの人間らしさ、たとえば、使用人をいたわり、弟子を思い、村人に家族のように接する。そういうこまやかなところが生き生きと描かれている。

3 内村鑑三が伝えたかったこと

●実績よりも大切なこと

こうして見ていくと、なぜ内村鑑三がこの五人を選んだのか、おぼろげに見えてこないだろうか。

西郷隆盛は明治という新しい世の中を作りあげるといった、現実的な目標を持っていた。上杉鷹山にとって、それは藩の財政再建だった。二宮尊徳にとっては廃村の復興であり、中江藤樹は聖人になることであり、日蓮にとっては布教だ。彼らはその目標を達成することによって歴史に名をとどめた。だが、本書では、その部分はあっさりと記している。むしろ本書では、そうした目的を達成する過程で、この五人が多くの人々に影響を与えていった点に力点が置かれている。この五人こそ、日本の歴史上、もっとも偉大なインフルエンサーだったと、内村鑑三は言いたげだ。そうだとするなら、この本のタイトルは、『(日本人に影響を与えた)代表的日本人』のほうがふさわしいかもしれない。

さらに、この本では、もう一段の高みから、人が与えうる影響力に触れている。それは各章の最後の部分に示されている。なぜ、著者は五人の死期を丁寧に書いたのだろうか。さらに没後のことにも触れているのはなぜだろう。この疑問は、本書を読み終わる頃にわかってくる。それは、人に影響を与えるのは、その人が生きていた間だけではない。生涯を終えたあと、時代や、時には文化や国境を超えて影響を与え続けるということだ。

西郷も鷹山も、また尊徳も藤樹も、今なお人気が高いし、日蓮宗はお寺がたくさんある。だが生きていた時、彼らは功成《こうな》り名《な》を遂《と》げることを目指していたのではなかった。むしろ自分が生涯をかけてやってきたことを、次の世代が何かの役に立ててくれればそれでいいと願っていたようだ。そこにこの五人を選んだもう一つの理由があるように思われる。

●誰もが後世に託せるもの

この『代表的日本人』と対をなす著書として、『後世への最大遺物』が、たびたび取り上げられる。これは一八八四（明治二七）年に出された内村鑑三の講演集である。その中で、彼はこんなことを述べている。

「その生涯を、世の中の贈り物として、この世を去る」

どんな人もこの世に何かを残すことができる。それは金銭、事業、あるいは生き方そのものであり、無為《むい》の生涯などない。また、一人の人間の人生は文化や世代を飛び越えて影響を及ぼすことさえある。だから、死んだ後に人生の花が咲くこともあるのだと語っている。

この『代表的日本人』は、その実例を、誰でも知っている歴史上の人物に置きかえた作品といえる。どんな人だって、次の世代に影響を与えることができる。そのために希望を持って、自分らしく生きていこう。それが一番大事なのだというメッセージを伝えたかったのではないか。

●一人ひとりの代表的日本人

さあ、あなたは、この五人の人選が代表的日本人として妥当だとお感じになるだろうか。納得するにしても、しないにしても、この本を読み終えた時、きっと内村鑑三はこんなふうに問いかけてきそうな気がする。

「あなたが考える代表的日本人を、五人挙げてみましょう。そして、こんなにすばらしい人々がいたのだということを、堂々と世界の人々に語りかけるのです」

その良いきっかけとして、本書に親しんでみるのも楽しいだろう。

第2部

現代日本語訳で読む『代表的日本人』

※第2部　現代日本語訳の作成にあたっては、『英文版　代表的日本人 Representative Men of Japan』をもとに、さまざまな訳書を参照した。また。読みやすさを考慮して、適宜、注釈や解説等を施している。
※なお、年号を始めとする表記については、現在では諸説あるが、明らかな誤り以外は、基本的には原文のまま記載した。

第1章

西郷隆盛

——新しく日本を創った人

【西郷隆盛（さいごう　たかもり）】
１８２７〜１８７７年　明治維新期の政治家・軍人。大久保利通、木戸孝允と共に「維新の三傑」の一人。通称 吉之助、号は南洲。薩摩藩の下級藩士の出身で、島津斉彬の知遇を得て国事に奔走。討幕運動の指導者として薩長同盟に尽力。大総督府参謀として征東軍を指揮し、江戸城を無血開城させた。維新後は参議となるも征韓論で下野し、西南戦争で敗れ、城山で自刃した。

①

一八六八年は日本の革命だった

日本が最初に青い海から姿を表し、陸地になったとき、天はこう命じた。「日本よ、自らの檻にとどまっていなさい。私が知らせるまで世界と交わってはならない」

おかげでこの国は、二千年以上にわたって領海を他国の軍艦が行き交うことがなかったし、沿岸を外敵から汚されることもなかった。長い間、この国が世界から遠ざかっていたと非難するのは、まったく賢明ではない。どんな英知にも勝る英知がそう命じたのだし、おかげで日本はもちろんだが、世界にとってもかえって良かった。世界と隔てられていたといっても、それは必ずしも忌まわしいことではない。優しい父親なら、未熟な我が子を「文明に触れさせよう」として世の中に放り出したりはしないもの。インドのように、どちらかといえば接触が簡単だった国は、やすやすと利己的なヨーロッパの餌食になってしまった。あるいは、インカ帝国やモンテスマの平和な国土が、世界に晒《さら》されてどうなったか。私たちの鎖国は、西欧から非難されている。だが、もし門戸を開いたら、クライブやコルテスのような連中が、一方的に押し寄せてくるのは明らかだ。武器を持った泥棒どもが、戸締まりのしっかりした家に押し入ろうとするとき、同じような手口を使うはずだ。

四方を海や大陸で囲まれ、私たちがその中に閉じ込められていたのは、まさに優しい天の配剤だった。定められた時期がやって来ていないうちから、欲に駆られた連中が攻め入ろうとしたのは一度だけではない。そのいずれにおいても、私

インカ帝国
南アメリカのアンデス山中にケチュア語系インカ族が建設した国家で、ペルーのクスコを都として、15世紀末に最盛期を迎えた。巨大な石造建築や土木灌漑、織物などの高度な文明を有していた。

モンテスマ
1466〜1520年　メキシコ、アステカ民族の王、モンテスマ・ショコヨツィン。メキシコの最高権力の地位を確立した。

クライブ
1725〜1774年　イギリスの政治家・軍人。東インド会社の書記としてインドに渡り、プラッシーの戦いに勝ってインドのイギリス植民地化を確立した。

たちが持つ紛れもない防衛本能が、世界に門を開かせなかった。私たちの国ならではの特徴というものは、まだ十分にかたち作られておらず、外界と接触した際、飲み込まれてしまいかねなかった。その挙げ句、自分たち独自のものなど何も確立できないまま同化されてしまうかもしれなかったのだ。世界もまた、日本を仲間の一員として迎え入れるためには、もっと洗練されなければならなかった。

一八六八年の明治維新は、世界史における重要な転機となった。人類を代表する二つの異なる文明を持つ民族同士が、お互いに名誉を重んじる形で交わった。進歩的だったヨーロッパは無秩序に前進することなく、一方、保守的だった東洋は停滞した眠りから覚めることができた。それ以来、西洋と東洋との違いはなくなり、人道と正義のもとに一つの人類となった。日本が目覚める前、西洋と東洋は互いに背を向け合っていた。日本によって、両者は向き合うことができたのだ。日本は欧州とアジアとの正しい関係とは何かについての答えを担っていたし、それは今も続いている。

こうして私たちの長い鎖国は終わろうとしていた。だが、それに終止符を打つためには人の力と機会とが必要だった。ちょうどその頃、太平洋の両岸にある中

コルテス
1485～1547年 スペインのメキシコ征服者。1521年にアステカ帝国を滅ぼし、現在のメキシコシティーを占領した。

一八六八年の明治維新
19世紀後半、江戸幕藩体制を崩壊させ、中央集権統一国家の建設と日本資本主義形成の起点となった政治的・社会的変革。1866年の薩長連合に始まり、67年の大政奉還・王政復古宣言、68年の戊辰戦争を経て、明治政府の成立に至る政権交代とそれに起因する諸政治改革過程を指す。

国とカリフォルニアとが関係を開こうとしており、日本は二つを結ぶ必要が出てきていた。これが外から訪れた機会となった。

一方、国内では、最後にして最強の封建制が弱体化しつつあった。藩ごとに隔てられていることに人びとはうんざりしており、お互いに反目し合っていた藩同士が、史上初めて団結する機運が高まっていた。だが、機会を生み出すのも、利用するのも人間だ。アメリカ海軍のマシュー・カルブレイス・ペリーは、世界中でもまれに見る人道を大切にした人だと思う。彼の日記を読むと、砲弾ではなく神の福音の言葉を日本の沿岸に浴びせたのだとわかる（ペリー提督著『中国海と日本遠征記』を参照のこと）。彼の任務はとても慎重を要するものだった。それは、ずっと隠遁《いんとん》していた日本を、尊厳を傷つけないように、また本来持っているプライドを抑えつつ、目覚めさせることだった。これは、まさに宣教師の仕事と言えた。世界を従える神に何度も祈りを捧げ、天の慈悲があってこそ成し遂げられることだからだ。日本にとって、キリスト教徒の提督が開国を求めてやってきたことは、まさしく天恵だった。

日本の外から扉を叩いたのがこのキリスト教徒の提督だったとするなら、内側からそれに応じたのが勇敢で実直な一人の武将だった。この人物は「敬天愛人《けいてんあいじん》」

マシュー・カルブレイス・ペリー
1794〜1858年
アメリカ合衆国の海軍軍人。武力を背景に日米和親条約を締結し、日本の開国を実現させた。

という言葉を身上としていた。両者は生涯、一度も相まみえることはなかった。また、お互いを褒め合ったとも聞かない。それでも、この両名に宿っていた魂には共通点がたくさんあったことが、のちの著述家は理解できる。図らずも、彼らは同じ時期に活躍し、片方が始めた使命を、もう一方が遂行する形となった。神が天命という衣服を織り上げていく様子が、凡人の曇った目には見えなくても、思慮深い歴史家には、はっきりと見える。

このように、一八六八年に起こった日本の維新も、健全で永続する革命がどれもそうであるように、正義と神の意志が発端となる必要があった。よこしまな外敵からがっちりと国を閉ざしてきた日本は、正義と公正さにのっとり、自らの意志で開国を果たした。まれに見る自己犠牲と、魂の奥深くから発せられる声に従って、日本は世界に扉を開いたのである。だから、この国を我が物にしようと企む者は天の高みに逆らって罪を犯すことになる。また、拝金主義がこの世にはびこってもなんとも思わない者も同罪だ。

2 誕生、教育、天啓

西郷隆盛は、敬意を込めて「大西郷」とふつう呼ばれる。同じく明治政府に貢献した弟の従道と区別する意味もある。西郷隆盛は一八二七（文政一〇）年、鹿児島市内で生まれた。生誕の地には小さな記念碑が建っている。そう遠くない場所には二年後に生まれた有能な同志、大久保利通《おおくぼとしみち》の生誕の記念碑もある。生家はこれといった家柄ではなく、「中級以下」の薩摩藩士だった。長男の隆盛を筆頭に四人の弟と二人の妹がいた。西郷は、幼少の頃はとりわけ目立つような子でもなかった。おっとりとした物静かな少年で、仲間内では間抜け呼ばわりされていた。そんな彼を目覚めさせたのは、遠い縁者の腹切りに居合わせた時だった。その青年がまさに腹に脇差しを突き立てようとしたとき、彼は西郷に向かってこう言った。

「命を投げ出すのは、主君とお国のためだけだ」

まだ若者だった西郷は泣き崩れ、その時抱いた印象は一生忘れられなかった。

やがてこの若者は、大柄で恰幅のよい青年に育った。広い肩幅が特徴で、とりわけ大きな瞳をしていたので「ウド」と仲間たちからあだ名で呼ばれた。西郷は腕っぷしが強く、相撲を取るのが大好きだった。山歩きも好きで、暇ができればよくそうやって散策した。それは終生続いた彼のお気に入りだった。

大久保利通
1830〜1878年
薩摩藩出身の幕末・明治初期の政治家。西郷隆盛、木戸孝允と共に「維新の三傑」の1人。

西郷は、若い頃から王陽明の考え方に惹かれた。この中国の思想家が打ち立てた陽明学は、同じくアジアに起源を持つもっとも聖なる宗教、つまりキリスト教と似ている点がたくさんある。それは、崇高な良心と、厳しくも慈悲深い天の教えを説いている点だ。私たちの主人公がのちに記した文章には、その影響が顕著だ。西郷の文章に見受けられるキリスト教的な感情はどれも、その偉大な中国人が抱いていた単純明快な思想の証である。また、それをことごとく吸収して、西郷ならではの実践を重んじる性格を育んでいった点も素晴らしい。

彼はほかにも、仏教の中では厳格とされる禅も少し学んだ。これは、自分の感受性が強すぎるのを抑えるためだったと、後年、友人に語っている。西郷は、いわゆる西欧文化にはまったく接することはなかった。当時の日本人としてはもっとも度量が広く、進歩的だった彼は、もっぱら東洋から学んだのだった。

それにしても、彼が生涯を通じて貫いた二つの顕著な思想は、いったいどこからやってきたものだろう。一つは、統一帝国の実現であり、もう一つは東アジアの征服である。陽明学の思想を論理的にたどってみれば、そのような結論になるのも不可能ではなさそうだ。幕府が体制を維持するために保護した朱子学とは異なり、陽明学は革新的で、可能性に富んだ教えだった。

王陽明
1472～1528年
明の儒学者。知識を主とした朱子学に対して、知行合一に基づく実践実行を重視した。

陽明学
元～明代に官学として重んじられた朱子学の主知主義的理想主義的傾向に対して現実主義的批判を加え、主体的実践を重視した中国明代の王陽明およびその学派の新儒教学説。

キリスト教
救済者イエス・キリストを信じ、イエスの行動と教えを中心に神の愛と罪の赦しを説き、旧・新両聖書に基づいて個人と社会の再生を促す宗教。各国に多くの信徒を有し、仏教・イスラム教とともに三大宗教の1つ。

陽明学がキリスト教と似ているということについては、これまでも何度か指摘されていた。実際、それが理由で、陽明学は日本で禁止同然の扱いを受けていた。

「これは陽明学にそっくりだ。日本国の崩壊はここから始まるに違いない」

長崎で初めて聖書を目にして、そう叫んだのは、明治維新で名を馳せた長州の戦略家、高杉晋作《たかすぎしんさく》だった。このキリスト教に似た思想が、日本が再構築をめざす上で重要な推進力となった。これは当時の日本の歴史の中でも特筆すべきことだろう。

西郷が置かれた環境も、その生涯をかけた偉業を成し遂げるうえで有利だったに違いない。この国の西南端に位置する薩摩は、いつも同じ方角から押し寄せるヨーロッパの影響を、いのいちばんに浴する場所にあった。その意味では、長崎に近いことも有利だった。聞くところでは、薩摩が治める島々では、外国との貿易もあったようだ。しかも、それは中央政府が公式に認めるずっと前から開かれていた。

外から与えられた影響という点では、彼とじかにかかわった人物が二人いる。一人は、西郷の主君で薩摩藩主だった島津斉彬《しまづなりあきら》だ。そしてもう一人は、水戸藩

朱子学
1130〜1200年
中国南宋の儒学者朱子が創始者として、程顥や程頤の北宋動学を集大成した学問。宋以降の中国や日本の思想界に圧倒的な影響を及ぼした。

高杉晋作
1839〜1867年
幕末長州藩の志士。吉田松陰の松下村塾に学び、下関砲撃に備えて奇兵隊を結成。さらに藩の主導権を握って藩論を倒幕に転換し、第二次長州征伐の幕府軍を圧した。

島津斉彬
1809〜1858年
江戸末期の薩摩藩主。1851年に異母弟久光をおさえて藩主となり、殖産興業や洋式兵備の充実を図り、啓蒙君主としてのめざましい治績を残したが、コレラにかかり急

の藤田東湖《ふじたとうこ》である。

斉彬が非凡な人物であることは疑いようもなかった。沈着冷静で洞察力に富み、ずっと以前からこの国に避けようのない大きな変化がやってくるとわかっていた。そのため彼は領内の改革を急ぎ、外敵への備えを固めていた。鹿児島の街を要塞化《ようさい》したのも斉彬である。一八六三年にこの街に攻撃をしかけたイギリス艦隊はその堅牢《けんろう》さに手を焼いた。一方でこの藩主は強い攘夷《じょうい》思想の持ち主だったにもかかわらず、家臣の反対を押し切ってフランス人を上陸させ、丁重に領内へ案内したこともあった。

「必要とあらば戦いも辞さない平和の士」だった斉彬は、西郷と心を通わせる間柄だった。西郷は家臣としてこの先見の明をもった主君に対し、以降、長年にわたって敬意を示した。二人は親しい友人のような間柄で、母国の将来について共通の思いを抱いていた。

しかし、もっとも西郷の中心にあって、彼を鼓舞《こぶ》したものは、この時代の精神的な主要人物だった。それは「大和魂のかたまり」ともいえる水戸の藤田東湖である。この人はまさに日本の精神を人の姿に昇華したような存在だった。輪郭《りんかく》が鋭く、角張った容姿は火を噴く富士山を思わせるが、内に宿る精神は誠実そのも

死した。

藤田東湖
1806〜1855年
江戸末期幕末の儒学者、水戸藩士で強烈な尊王論者。

攘夷思想
幕末期の佐幕思想とは正反対の考え方で、外国人を撃ち払い国内に入れないという排外思想。

のだった。東湖は正義を一途に愛し、西欧の野蛮さを一途に憎んだ。そんな彼のもとに、次の世代を担う若者たちが引き寄せられていった。西郷は遠くから東湖の名声を耳にし、藩主といっしょに江戸に滞在していた際、機会を逃さず東湖に会いに行った。そして二人の出会いは、未だかつてない意気投合したものとなった。師である東湖は言った。

「私が今、胸中に抱いている後継者は、この若者のほかにはいない」

そして、弟子となった西郷もこう言った。

「天下に畏れる人はたった一人、東湖先生その人だ」

東湖から改めて感化を受けたことによって、統一国家を建設し、「ヨーロッパと対等に渡り合えるようなるため」に大陸に領土拡大をし、そして、この日本をそこへ導く具体策が、西郷の頭の中で最終形をなそうとしていた。貫くべき目的がいまやはっきりとしてきた彼にとって、あとはもう、目の前にある目標に向かって、まっしぐらに突き進むのみだった。維新の種は、藤田東湖の熱い胸中に蒔《ま》かれたものだった。けれども、それが現実に維新となるためには、西郷でなければならなかった。東湖ほど激烈にならず、もっと冷静で穏やかな西郷のような精神の持ち主にその思想が受け継がれる必要があった。東湖は一八五五年、安政

安政の大地震
1855(安政2)年10月2日、江戸およびその周辺を襲った大地震。死者1万余人とされ、藤田東湖もこの地震で圧死した。

の大地震で亡くなった。享年五五。その心に描かれた理想は、すぐれた弟子の手に託されたのだった。

ところで、この愛すべき主人公は山歩きが大好きで、昼夜を問わず森へ出かけていた。その時に、輝く天から直接聞こえてくる声を耳にしなかっただろうか。ひっそりした杉林の中で、かすかな天の声に時折、語りかけられたのかもしれない。「おまえはこの使命を背負ってこの世に使わされたのだ。その使命を果たすことは、この国にとっても、世界にとっても実りある結果をもたらすだろう」と。そうでなければ、あれほどしばしば「天」について、文章や会話の中で西郷が語ったりはしないはずだ。

おっとりして、物静かで、子どものような西郷は、自分自身の内面にこもりがちではあった。だが、山歩きの最中、自分や宇宙よりももっと大きな存在と対話している自分に、はっとしたに違いない。聖書に出てくるパリサイ人、つまり、信仰心が篤いふりをした人が、西郷を異教徒と非難しようが、死んだ後に魂がどこへいくのだと問い詰めようが知ったことではなかった。

「天の道に従う者は、天下がこぞって非難したとしても取るに足りない。また、こぞって褒《ほ》め称《たた》えたとしても、動じない」

パリサイ人
古代ユダヤ教の一派。福音書ではイエスの論敵として描かれ、自己義認の傾向が激しく批判された。

「天と向き合え、人ではなく。天のためにすべてをなせ。人をとがめず、ただ自分の誠実さが足りなかったことを顧みろ」

「法は宇宙のものであり、自然だ。だから天を畏《おそ》れ、仕えることを目的とする者だけが法を行使できる……天はすべての人を等しく愛する。だから私たちも自分自身を愛するように人を愛さなくてはならない」

西郷は、ほかにもこのような言葉をたくさん残している。おそらく彼はすべて、天から直接聞いたに違いない。

3 維新における役割

西郷隆盛が維新でどんな役割を果たしたかを記すことは、維新の全容を語ることとほぼ同じになる。一八六八年の明治維新は、西郷による一大改革だったと見ることもできるだろう。もちろんどんな人間だって、たった一人で一国を再構築できはしない。だから新しい日本を西郷の国だなどというつもりはない。なぜなら、あの偉業に携わった多くの立派な人びとを、間違いなく無視することになるからだ。実際、西郷の同志には、いろいろな点で彼に勝る人物がいた。内政を切り盛りするのは木戸孝允《きどたかよし》や大久保利通にかなわなかった。また、維新後の国家に平和と安定をもたらす役目は、三条実美《さんじょうさねとみ》や岩倉具視《いわくらともみ》のほうが有能だった。私たちの新しいこの国家は、彼らなしには実現できなかったに違いない。

それでも、西郷なしに維新が成し遂げられたかどうかとなると疑問だ。仮に木戸や三条がいなくても、あれほど守備良くとはいかなかったにせよ、なんとか維新は成功していたことだろう。絶対に必要だったのは、すべてを始動させる原動力だ。そして運動を起こし、天の全能の法の下でその運動の行く手を示す魂だった。いったん軌道に乗せれば、あとのほとんどは西郷ほど器量が大きくない者でもやれる決まりきった仕事だ。私たちが、西郷の名前を新しい日本帝国と密接に結びつけたくなる理由は、彼こそが運動を始動させ、方向付けた人物だと信じているからだ。それは西郷の大いなる精神に宿っていた力で、やがて起こる同時代のさまざまな社会の出来事に振り向けられる力となった。

東湖との重要な会見を江戸で行って西国の国元に戻ると、すぐに西郷は倒幕派《とうばくは》に加わった。熱心な尊皇派《そんのうは》として知られた高僧、月照《げっしょう》とのある事件をきっかけに、西郷の人生は大きく変わっていった。事件の顛末《てんまつ》といっしょに、西郷の志も

木戸孝允
1833〜1877年
幕末・明治初期の政治家。大久保利通、西郷隆盛と共に「維新の三傑」の1人。長州藩出身。

三条実美
1837〜1891年
幕末・明治時代の政治家。七卿落ちの1人として長州藩に逃れたが、王政復古後に新政府の議定となり、副総裁・輔相などの要職を経て、太政大臣のち内大臣となった。

岩倉具視
1825〜1883年
幕末期の公卿・政治家。当初は公武合体に努めたが、のちに討幕運動に参加。維新後右大臣となり、特命全権大使として欧米視察を敢行。帰国後征韓派を退け、内治優先・天皇制確立の政策を遂行した。

世に知られるようになったのだ。
西郷は月照の保護を任されていた。だが幕府のきびしい追求から彼をかばいきれないと悟り、共に命を絶とうとして同意を得た。二人は月夜に海へ漕ぎ出した。そして「秋の風情にとても慰められた」あと、この国を憂《うれ》う二人の同志は手に手を取って海に飛び込んだ。しぶきの音で目覚めた付き人たちはすぐさま二人を探し、引き上げた。西郷は生きていたけれども、月照は助からなかった。新しい日本を両肩に背負っていた西郷は、同志のためなら敬愛と厚情の印として命を投げ出しても惜しくはないと考えたのだった。それは、あまりに「情にもろい」という弱さの表れであり、禅によって鍛えようとしてきたものだった。やがてこの弱点が、彼を破滅へと導くのだが、それは後述するとしよう。
この一件と、ほかにも倒幕運動に連座し、西郷は二回、南海の離れ島に流刑となった。ようやく鹿児島に戻ると、街は一八六三年のイギリスによる砲撃を受けた後だった。彼はすぐさまかつての倒幕運動に加わったが、さすがに今度は以前よりも用心深く行動することにした。
西郷の勧めで、長州と徳川幕府とが和平協定を結んだのだが、一年後、幕府は長州に対して理不尽な要求を突きつけてきた。長州側はこれをはねつけたため、

討幕派
幕府を攻め討ち、新しい時代を作ろうとする考え方に基づく人びと。

尊皇派
王室や皇室を尊び、天皇を国政の中心と考えることを推進する人びと。

月照
1813〜1858年
幕末の尊皇家で京都清水寺成就院の住職。国事に奔走し、安政の大獄を西郷とともに薩摩に逃れたが、藩にいれられず、錦江湾に入水し、月照のみが絶命した。

二回、南海の離れ島に流刑
1858（安政5）年月照との入水自殺未遂の際に奄美大島、2度目は1862（文久2）年の寺田屋騒動ののちに沖永良部島に流刑された。

世に言う長州征伐《せいばつ》へと発展した。当時、西郷に率いられていた薩摩は、長州を倒すにあたって、それ相応の征伐軍を出すよう幕府から命ぜられたが、これを断った。薩摩が取ったこの方針は、のちの薩長連合へとつながってゆき、明治維新へと歴史を動かす原動力となった。長州討伐に完敗し、外交交渉でも無能ぶりをさらけ出した幕府は、思っていたよりも一層早く没落する羽目となった。

揺らぎ始めた徳川幕府を倒す勅令を連合側が手に入れたちょうどその日、徳川将軍は三〇〇年続いた権力の座を自ら退いた。そして正当な君主である天皇が復権を果たした。その過程で、抵抗は一切なかったようだ（一八六七年一〇月一四日）。

薩長軍とその連合軍は京都を占領下に治め、「王政復古《おうせいふっこ》の大号令」が一二月九日に発せられた。続いて、徳川将軍は二条城を明け渡した。一八六八年一月三日、鳥羽伏見《とばふしみ》の戦いを機に、戦いが始まった。官軍《かんぐん》側は完全に勝利を収め、これを機に旧幕府側は賊軍《ぞくぐん》と呼ばれるようになり、東日本へ退却し始めた。官軍は二手に分かれ、そのうち東海道を進軍する大軍を西郷隆盛が指揮した。抵抗はまったくなく、四月四日、江戸城は官軍側に明け渡された。この維新が、それ以降にもたらした影響の大きさを考慮するなら、史上、もっともたやすく勝利した革命

一八六三年のイギリスによる砲撃
1863年7月に生麦事件報復のため鹿児島湾に来襲したイギリス東洋艦隊と薩摩藩との間で行われた薩英戦争。

長州征伐
1864年および1866年に江戸幕府が長州藩に対して行った2度の征討で、幕長戦争ともいう。第1次は、禁門の変で朝敵となった長州藩を罰するため出兵。四国連合艦隊の下関砲撃事件（＝馬関戦争）で打撃を受けていた長州藩は恭順派が藩権を握り、幕府に謝罪したため撤兵した。

一八六七年一〇月一四日
徳川15代将軍慶喜が征夷大将軍の職を辞し、政権を朝廷に返上することを申し出、翌日朝廷がそれを許可した「大政奉

だったと言えるだろう。

これほど安上がりで、しかも絶大な効果を導き出したという両面が明治維新にはっきりと現れていることこそ、西郷が偉大であるという証だった。

一二月九日の王政復古の大号令に匹敵する出来事があるとすれば、一七九〇年七月四日のフランス革命における宣言の他には見当たらない。

沈着冷静な西郷は、伏見での最後の戦いの火ぶたが切られた際にも、官軍の拠り所だった。それは、戦場から伝令がやってきた時のことだった。

「援軍をお送りください。こちらは一連隊だけで敵の戦火にさらされています」

大将である西郷はこう答えた。

「良かろう。君たちが一人残らず討ち死にしたならな」

伝令が戦場に戻ってそのことを伝えると、連隊は奮戦して敵を撃退した。このような大将がいる軍が勝てない筈はない。西郷が率いる東海道軍は、品川に迫った。ここで彼は旧友の勝海舟《かつかいしゅう》と会うことにした。海舟は幕臣の中でただ一人、幕府の終わりが避けようもないことを見越していた。そしてこの国が長らえていけるのなら、主君の権力の拠り所であった江戸城を明け渡してもよいと考えていた。


還」が行われた日を指す。

王政復古の大号令
1867（慶応3）年12月9日に討幕派が王政復古（王政から武家政治・共和制に移った後、再び王政に戻ること）の大号令を発し、江戸幕府を廃して政権を朝廷に移した政変を指す。

鳥羽伏見の戦い
1868（慶応4）年に起こった旧幕府軍および会津・桑名藩兵と、薩長軍との内戦。戊辰戦争の発端となったが、旧幕府軍の大敗に終わり、討幕派の優勢が確立した。

フランス革命
1789～99年にフランスでブルボン王朝の圧制下にあった市民が、啓蒙思想の影響やアメリカ合衆国の独立に刺激されて起こしたブルジョア革

「このたびは、ほとほとお困りでしょう」と、官軍を指揮する西郷は声をかけた。

「いや、この身になってみなければ、私の心中はわからないでしょう」と、旧幕府軍の使者である勝は答えた。それを聞いた西郷は相好《そうこう》を崩し、困り果てた旧友を面白がっているふうだった。西郷の心は、今や和平に傾いていた。

西郷はいったん京都に引き返し、いろいろな反対意見に屈することなく、徳川将軍とそれに従う者たちに恩赦を行うよう主張した。そしてすっかり包囲された徳川方にとって、かなりの好条件を携えて江戸に戻った。

西郷が和平を決断する数日前、勝は彼を愛宕山《あたごやま》のてっぺんまで散策に連れ出したという。足下に広がる壮大な都市を眺めながら、この将軍は深く心を打たれていた。

「もし戦火を交えたら、我々のせいで、罪もない民が苦しむ羽目になるだろう」

勝に向かってそう言うと、西郷はしばらく黙り込んだ。彼本来の情が、この罪のない人びとのために、何としてでも和平を実現しなくてはならないと肝に銘じたのだろう。

「強い者がいちばん力を発揮するのは、弱い者に足をすくわれていない時だ」


命。バスティーユ襲撃に始まり、人権宣言の公布、立憲君主制の成立を経て、1792年に第一共和制を樹立後、翌年ルイ16世を処刑。ジャコバン派による恐怖政治やテルミドール反動後の総裁政府の時代を経て、ナポレオンの政権掌握により終結した。

勝海舟
1823〜1899年
江戸時代末期の幕臣から明治の政治家。通称麟太郎、安房守。

愛宕山
東京都港区愛宕にある海抜26メートルの小丘。山上にある愛宕神社への男坂の石段は出世の階段と呼ばれ、曲垣平九郎が馬で登ったという話は講談で有名。

といわれる。西郷の強さの奥には、このように女性的な優しさが多く潜んでいた。こうして江戸の街は救われ、和平がもたらされた。そして徳川将軍は降伏し、江戸城を天皇に明け渡すことになった。

天皇が本来の地位に復権し、この国はこの正当な君主のもとで統一されることになった。新政府も西郷がめざした方向へと動き出した。西郷はすぐに故郷の薩摩へ戻り、そこで数年間、兵士たちの訓練に専念した。同志たちにとってはすでに終わったこの戦いも、彼にとってはまだ終わっていなかった。これからまさに始まろうとする社会の大変革に向けて、また、もう一つの目的を果たすために、統一国家は一つの通過点に過ぎなかった。

それから西郷は、中央政府へ呼び出され、維新の功労者たちといっしょに参議という要職に就いた。ところが、同僚たちが彼について行けなくなる時がやってきた。これまでは共通の目的があり、一緒に歩んで来ることができた。だが、同僚たちが終わりと見なしている所が、西郷にとっては始まりだった。そしてついに両者は決別したのだった。

4 朝鮮問題

道徳的だった西郷は、征服することだけが目的で他国へ侵攻することはなかった。東アジアを統合するという目的は、その頃の世界情勢を視野に入れ、必然的に彼の中で芽生えたものだ。日本がヨーロッパの列強と肩を並べるためには、領土を広げて国民の士気を高める積極的な策が必要だと西郷は考えていた。それに加えて、日本が東アジアの指導的な役割を果たすべきだという考えも持っていた。もちろん、弱い者をたたきのめすつもりはなかった。弱者の先頭に立って強い者に対抗し、その傲慢さをくじくことに全身全霊を傾けようとしたのだ。西郷が模範と仰いだのはジョージ・ワシントンだと言われている。一方、ナポレオンのような人物を激しく嫌った。こうしたことからわかるように、西郷は決して卑しい野望に心を奪われていたのではない。

彼は、自国の使命についてこのように高潔な信念を持っていた。それでも、十分な理由がないまま戦争を始めるつもりはなかった。そんなことをすれば、自分がとても大切にしている天の法に背くことになる。

ジョージ・ワシントン
1732〜1799年
アメリカ合衆国の初代大統領。大陸軍総司令官としてアメリカ独立革命を勝利に導き、独立後は憲法制定会議議長を経て大統領に就任、連邦政府の基礎の確立に努めた。

ナポレオン
1808〜1873年
フランス皇帝ナポレオン1世の甥であるナポレオン3世。ルイ・ナポレオンと称し、フルネームはシャルル・ルイ・ナポレオン・ボナパルト。1848年「二月革命」に際し亡命先から帰国して大統領に就任した。

しかし、予期せぬ好機が訪れた。いよいよ、この国が誕生して以来、天に命じられていた道へ進むために与えられた機会がやってきた。そう、西郷が捉えたのも無理はない。

日本にもっとも近い国である朝鮮は、新政府が派遣した使者らに対して、無礼な態度を取ったのである。そればかりか朝鮮は、在留日本人に対してあからさまに敵意を示した。さらには、友好的な隣人である日本人の尊厳をいちじるしく傷つける布告を発した。これを放任しておいてよいものか。西郷とその同志は主張した。しかし、無礼なだけではまだ戦争に突入する理由にならない。それなら、高官からなる使節団を朝鮮宮廷に派遣して無礼な態度を取ったことに対する謝罪を求めてはどうか。それでも相手が横柄《おうへい》な態度を改めようとせず、使節団を侮《ぶ》辱《じょく》したり危害を加えたりするなら、その時こそ大陸へ軍隊を派遣し、天の許す限り征服に邁進すべきだと西郷は説いたのである。そして、このような使節には大きな責任と極度の危険がともなうため、西郷自らがその任務に就きたいと申し出た。征服しようとする本人が、このようにまず命を投げうって、同胞のために征服への道を開こうというのだ。かつてこのような方法で征服が行われたことはない。

おっとり、物静かな西郷も朝鮮使節派遣問題が閣議で議論されるときばかりは、とても激しく、活発に発言した。特使に任命してくれるよう閣僚らに懇願し、とうとうその願いが聞き入れられた時の喜びようは、まるで念願の品物を手にしてうれしさのあまり飛び跳ねる子どもと変わりなかった。

西郷は、朋友で当時、伯爵となっていた板垣退助《いたがきたいすけ》に、次のような手紙を送っている。この板垣が密かに働きかけをしてくれたおかげで、西郷への特使任命が決まった。

板垣様

　昨日お伺いしましたが、お留守だったので、お礼を申し上げられないままに、引き返してまいりました。板垣様のご尽力のおかげで、念願がかないました。気分もすっかり晴れ晴れしております。喜びに我を忘れ、三条大臣のところから貴邸までの足取りは軽やかで、宙を駈けているようでした。もう、横やりが入ることもなさそうです。目的がかないましたので青山の拙宅に待機し、よい発令を待つことにします。まずは、感謝の気持ちをお伝えいたします。

西郷

板垣退助
1837〜1919年
明治期の政治家。自由民権運動の指導者。「板垣死すとも自由は死なず」の名言で有名。

しかしちょうどその頃、岩倉具視が、木戸孝允、大久保利通たちと一緒に、ヨーロッパ外遊から帰国した。文明国の豊かで幸せな社会を目の当たりにした彼らは、対外戦争などとんでもないというふうに見方が変わっていた。西郷にパリやウィーンの人びとの暮らしぶりを想像できないのと同じだ。

そこで、岩倉たちは一致協力し、裏工作の限りを尽くして、外遊中に閣議で決まった結論を覆そうとした。そしてついに三条大臣の病気を口実に、方針を押し通してしまった。朝鮮への大使派遣決議は無効となった。それは一八七三年一〇月二四日のことだった。

かっとなることなどそれまでまったくなかった西郷も、この時ばかりは、この「長袖者流《ちょうしゅうしゃりゅう》」、つまり、いかにも公家や僧侶にありがちなやり口に怒りを露わにした。西郷を怒らせたのは、決議の撤回自体よりも、その卑怯《ひきょう》きわまりないやり方だった。さらに、議決を無効にするまでのいろいろな動機が不愉快だったため、堪忍袋《かんにんぶくろ》の緒《お》が切れたのだった。

西郷は、腐敗しきったこの政府とはもう関わるのはよそうと心に決めた。閣議の席で辞表をたたきつけた西郷は、東京の住まいを引き払い、すぐさま故郷の薩摩に戻った。せっかく西郷の大きな功績によって樹立された新政府だったけれど

ヨーロッパ外遊から帰国　明治政府が1871（明治4）年に欧米に派遣した岩倉使節団。正使の岩倉具視以下、大久保利通・伊藤博文・木戸孝允ら107名がおよそ2年間、不平等条約改正を目指し各国を歴訪した。

も、以後、彼がそこに復帰することはなかった。

朝鮮政策が押さえ込まれたことによって、これにともなう政府の積極策はすべて打ち切られた。その後は、すべて「内治改良《ないちかいりょう》」派が唱える方向へと、政策転換されていった。こうして岩倉具視が主導する「平和派」あるいは「内治派」の思惑通り、日本はいわゆる文明開化一色に染まっていった。

しかしその一方で、救いようのない軟弱、優柔不断、明らかな正義を犠牲にしてまで平和にしがみつくといった、真の侍なら嘆き悲しむような状況も多くもたらされた。

「文明とは、正義がきちんとなされていることに他ならない。建物が豪壮《ごうそう》だとか、身なりが華美だとかいった外見を飾りたてることではない」

西郷は、文明についてはっきりとこう述べている。それ以来、西郷のいう文明はほとんど進歩しなかったようだ。

5 反逆者になった西郷

西郷の生涯でもっとも悲惨だったのは、最後の時期だ。この時期については多くを語る必要はないだろう。西郷が政府に対する反逆者となったのは事実だ。なぜ、そんな立場に身を置かなくてはならなかったのか。その真意を探るべく、これまでさまざまな憶測が飛び交ってきた。西郷らしい「情にもろい」という弱点が反乱軍に与《くみ》させたのだというのは、もっともらしい理由になるだろう。

政府に対して公然と反旗《はんき》を翻《ひるがえ》したのは、西郷を唯一、尊敬に値する人物だと仰ぐ五千人もの若者たちだった。しかし西郷はどうやらそのことを知らされておらず、本人の意志に反するものだったようだ。しかし、この反乱が成功するかどうかは、西郷を担ぎ出して、その名を冠して国中を揺るがせられるかにかかっていた。強さにかけては誰にもひけを取らない西郷も、切羽詰《せっぱつ》まった人びとから懇《こん》願《がん》されると、もうほとんど無力だった。二〇年前、客人を歓待する証として、命まで投げ出そうと誓った彼である。今また、自分を慕う弟子たちへの友愛のしるしとして、命も名誉もすべて捧げる覚悟を決めたのかもしれない。西郷をもっともよく知る人びとは、そう考えているようだ。

西郷が、当時の政府に強い不満を抱いていたのは言うまでもない。しかし、彼ほど分別のある人間が、ただ恨みだけで戦争を始めるとはとても考えられない。

西郷にとって、この反乱は人生の大きな目的が挫折し失望した結果だと、せめて考えたいのだが、これは間違っているだろうか。一八六八年の維新が西郷の理想と反する結果になったために、心の中にいい知れない苦悩が残ってしまった。それは彼が直接招いた事態ではなかったのだが。

もし、この反乱が成功するなら、生涯追い求めてきた大きな夢が実現する可能性も出てくるのではないか。疑念を抱きながらもわずかの望みを託し、西郷は反乱者たちと手を結んだ。そしておそらく本能的に予感していた運命を共にすることにしたのだった。だが西郷の生涯において、この時期を歴史が解明できるのは、まだ百年も先のことだろう。

西南戦争と呼ばれるこの戦いの間、西郷は表だって活動することはなく、桐野《きりの》利秋《としあき》たちが作戦をすべて取り仕切っていた。彼らは一八七七年二月から九月まで戦った。そして野望がことごとく打ち破られるや、生き残った者たちは「父祖の墓」に葬られるために鹿児島へかろうじて戻ってきた。城山《しろやま》に追い詰められ、政府軍が麓《ふもと》を包囲するなか、この主人公は悠々と碁を打っていた。そしてそばにいた従者の一人に向かって言った。

「あれはおまえではなかったか、下駄の鼻緒を私にすげさせたのは。私は荷馬

西南戦争
1877（明治10）年に西郷隆盛を中心として起こった鹿児島士族の反乱。征韓論により下野した西郷は帰郷して私学校を興したが、その生徒が西郷を擁して挙兵。熊本鎮台を包囲したが、政府軍に鎮圧され、西郷ら指導者の多くは自刃した。明治初年の士族反乱のうち最大で最後のもの。以後の反政府運動の中心は自由民権運動に移る。西南の役ともいう。

桐野利秋
1838～1877年
幕末・維新期の薩摩藩出身志士・軍人。初め中村半次郎と称していた。戊辰戦争に従軍。新政府では陸軍少将。征韓論分裂により西郷隆盛とともに下野し、西南の役で戦死。

を引いて野良仕事から帰るところだった」

従者はその時のことを思い出し、自分の無礼を詫び、恐縮して許しを乞うた。

「気にするな。あんまり退屈なので、ちょっとからかっただけだ」と、西郷は答えた。

この総大将が、かつて二人の若者の横柄な要求に応じたことがあったのは事実だ。薩摩では、武士が農夫と行き交った際、下駄の鼻緒をすげさせるのが慣例となっていた。たまたまその時通りかかった農夫というのが、大西郷だったのである。西郷は文句一つ言わずいやしい仕事を片付けると、控えめな態度で立ち去ったという。終焉の地で、西郷に仕えていた人が、このような彼の思い出話を残しているのは喜ばしい限りだ。有名な聖アクィナスでも西郷ほど控えめではなかったろう。

一八七七年九月二四日の朝、官軍の総攻撃が山城に向かって開始された。西郷はまさに敵軍を迎え撃とうと同志といっしょに立ち上がった時、腰に銃弾を受けた。まもなくわずかな味方は全滅し、西郷の遺体は敵の手に落ちた。

「無礼のないように」と、敵将の一人が叫んだ。

「ああ、なんと安らかなお顔のことか」と、もう一人が続けた。西郷を討った

聖アクィナス
1225頃〜1274年
イタリアの哲学者・神学者。キリスト教とアリストテレス哲学を総合し、スコラ学を完成させた中世最大の哲学者。

者たちがこぞって悲しみにくれ、涙ながらに遺体は埋葬された。今日もなお、涙を流して墓参をする人は後を絶たない。こうして、もっとも偉大な人物は世を去った。同時にまた、最後の侍もいなくなってしまったのではないだろうか。

6 西郷の生き方と人生観

西郷が国家のためにどう貢献したかを歴史が正しく評価するのは、もっと先になるだろう。しかし、彼の人となりを正しく描けるだけの手がかりなら十分ある。彼が後半生をどう生きたかを知ることは、彼の前半生も一緒に説明してくれると思われる。そこで、西郷の私生活や彼の持論を少しだけ見てみたい。

まず、西郷ほど無欲な人はいなかった。帝国陸軍元帥と近衛都督《このえととく》を兼務し、閣僚の中でも最有力者だった。けれども、外見は一兵卒《いっぺいそつ》と変わらなかった。月収が数百円あっても、生活は一五円もあれば賄えた。残りは、困っている友人に気前よく渡していた。住まいは東京の番町にあったが、見るからにみすぼらしい造りで、家賃は月たった三円だった。普段着といえば、薩摩《さつま》絣《かすり》の短衣《たんい》に幅広の兵児《へこ》

近衛都督
1872（明治5）年2月に近衛条例が制定され、親兵が近衛と改称された。各地の鎮台が陸軍卿の権内に置かれた政府軍であるのとちがい、新設の近衛の総指揮官である近衛都督は天皇に直隷した。

薩摩絣
薩摩から産出する紺地に白の絣模様を織り出した染め色が堅牢な平織りの木綿布。元来は琉球で織られ、薩摩を経て売り出された。

兵児帯
男帯の一種。鹿児島地方で青年男子を意味する兵児から名づけられ、幕末から明治にかけて、薩摩藩士が筒袖股引の軍装の上に、白木綿のしごき帯を締め帯刀したところが名称の由来。

帯《おび》を締め、大きな下駄を履いていた。そんな身なりのまま、西郷は宮中晩餐会でも、どこへでも出かけた。出された食事は何でも食べた。ある人が西郷の家を訪ねると、ちょうど何人かの兵士や従者と食事の最中だった。みんなで大きな木の鉢を囲んで、冷たい蕎麦を食べているところだった。自分もまた純真で素朴で、大きな子どものようだった西郷にとって、若者たちと一緒に食事をすることは、お気に入りの「宴会」だったようだ。

身なり同様、持ち物にも無頓着《むとんちゃく》だった。西郷は、東京一の繁華街にまとまった土地を持っていた。これを西郷は、設立間もない国立銀行にあっさりと譲った。銀行から売値を聞かれても答えようとはしなかった。今でもこの銀行が持っているその土地は、数十万ドルの価値があるといわれている。また、西郷の年金収入は、ことごとく鹿児島に創立した学校を支援するために使われた。彼が作った漢詩にこういう一句がある。

わが家の遺法、人知るや否や
児孫のために、美田を買わず

この詩のように、西郷は妻子に何も残さなかった。けれども彼は謀反人《むほんにん》として死んだにもかかわらず、国が遺族の面倒を見てくれた。近代の経済学からすれば、西郷の「無関心さ」については、いろいろとけちをつけたくなるかもしれない。

そんな彼にも、一つだけ楽しみがあった。それは、犬を飼う趣味だった。贈り物はすべて固辞していたけれども、犬に関するものだけは喜んで受け取った。犬を描いた多色石版画、リトグラフ、鉛筆スケッチなどにはとても喜んだ。西郷が東京の住まいを引き払う際には、箱に一杯の犬の絵があったという。彼が大山《おおやま》巌《いわお》元帥《げんすい》に宛てた手紙には、西郷がどれほど犬の首輪の好みにこだわりを持っていたかが、手に取るようにわかる。

「犬の首輪の見本をわざわざお送りいただき、感謝いたします」と記し、こう続ける。

「舶来品《はくらいひん》よりもこれらは良い品かと存じます。緒をあと三寸ばかり長くし、四、五本ほど作っていただけますよう、心からお願い申し上げます。それともう一つ、少し幅の広い、五寸ほど長いものもぜひお作りいただきますようお願いいたします。云々」

リトグラフ
石版画。緻密で柔らかい多孔質の石灰石に直接、または間接に描いたものを版として印刷する技法。

大山巌元帥
1842〜1916年
薩摩藩出身の陸軍軍人で西郷隆盛の従弟。陸相・参謀総長を務め、日露戦争では満州軍総司令官、元帥として活躍した。

犬たちは西郷にとって生涯の友だった。彼はよく、犬を連れては森へ出かけ、昼夜を問わず過ごしたものだった。孤独な一人の人間が、物言わぬ動物と孤独を分かち合っていたのだ。

西郷は口論するのが好きでなかったので、できるかぎりそれを避けようとした。ある時、宮中晩餐会に招かれ、いつもの格好で出かけて行った。そして退出しようとすると、入り口で脱いだはずの下駄が見当たらなかった。けれどもそのことで人の手を煩わす間でもなかろうと思い、裸足で外へ出て、小雨の中を歩き出した。すると門衛《もんえい》がそれを見とがめ、身分を聞いてきた。ごく平凡な身なりだったので怪しまれたのだ。「私は西郷大将だ」と裸足の男は答えた。けれども門衛たちが信じるはずもなく、門を出ることを許さなかった。しかたなく西郷は誰か顔見知りがやってこないかと、雨の中、立ち尽くしていた。ようやく一台の馬車が通りかかり、中には岩倉具視が乗っていた。やっと本物の西郷大将と証明され、岩倉大臣の馬車に同乗して立ち去った。

また、こんな話もある。西郷には熊吉という名の下僕がいた。長年、西郷の慎ましい暮らしに仕え、親しまれていた。ある時、熊吉はお払い箱になっても当然といえる大きな過ちを犯してしまった。だが、寛大な主人は、解雇された後の行く末を案じて、そのまま熊吉を家に留め置いた。ただ、それから長年にわたり、用事を言いつけることはしなかった。熊吉は主人の死後も長く生きながらえ、誰よりも不運な英雄を嘆き悲しむ一人となった。

ある人は西郷の私生活についてこんな証言をしている。

「私は一三年間、西郷と一緒に暮らしましたが、彼が使用人を叱りつけるのを一度も見たことがありません。ふとんの上げ下ろし、戸の開け閉め、その他、身の回りのことは大抵、西郷が自分でやっていました。でも他の人が西郷に何かをしてやろうとするのを遮《さえぎ》ることはありませんでした。また、誰かが手伝おうと申し出るのを断ることもありませんでした。まるで子どものように無頓着で、無邪気だったのです」

西郷は、他の人が平穏に暮らすのを決してかき乱そうとはしなかった。誰かを訪ねて行ってもあえて中の方へ呼びかけず、たまたまその家の誰かが出てきて気づくまでずっと入り口で立ち尽くすような人だった。

西郷の生活はこのように地味で簡素だった。その生き方は、これまで紹介してきたように、聖者か哲学者の思想そのものだった。「敬天愛人」の言葉に、西郷の人生観と英知がぜんぶ集約されている。反対に無知とは、自己愛のことだ。

西郷にとって「天」とは、どういうものだったのだろうか。力に似たものと捉えていたのか、それとも人格と見なしていたのだろうか。また、日頃、天とどう向き合ったかとは別に、実際のところ、どう崇拝していたのだろうか。そのあたりを確かめる術はない。それでも西郷が、「天」とは全能であり、不変であり、そしてとても慈悲深いものと信じていた。そして「天」の法は、みんなが守るべき、ゆるぎない存在で、とても豊かなものとして理解していたことが、彼の言動から汲み取れる。「天」とその法について、西郷が言明したことについてはすでに紹介した。彼の考えはそれらに十分込められているので、改めて多くを付け足すには及ばないだろう。

「天は等しく人を愛す。だから私たちも自分を愛するように人を愛さなければならない」

西郷のこの言葉は、「律法」と助言者の思想を集約したものだ。いったい彼がそのような壮大な思想をどこから取り込むことができたのかと、知りたがる人もいることだろう。

そしてまた、この「天」は真心をもって向き合うべきだ。そうしないと、「天」の道について知ることはできなくなる。西郷は人間の知恵を嫌い、すべての知恵は高潔な心と志とから生まれるものと信じていた。心を清らかにして志を高く持てば、戦場でも議場でも、必要な時に道はすぐに開ける。いつも策を練ってばかりいる者は、危機が迫った時、無策なのだ。

「誠実が宿るのは秘たる心の内だ。その中でしっかりしていれば、どこへ行っても強い」と西郷は語っている。不誠実と、その落とし子ともいえる利己心は、人生を失敗に導く主な原因だ。

「人の成功とは自分に克つことにあって、失敗は自分を愛することにある。八分通り成功していながら、残りの二分のところで多くの人が失敗するのはなぜか。それは、成功が見えると自己愛が生じてくるからだ。慎みが消え、楽することを求め、仕事を厭うから失敗するのである」

だから私たちは、命がけで人生のあらゆる危機に臨まなくてはならないのだ。責任ある地位について、何か行動を申し出る際、西郷は「私の命を捧げる」と、何度も明言した。自己犠牲に徹することが勇気の秘密だったことは、次の注目すべき言葉からも明らかだ。

「命も惜しくない、地位も名誉も金もいらないという人間ほど扱いにくいものはない。だが真に苦労を共にできるのはそういう人物だ。また、そういう人こそ、この国に偉大な貢献ができる」

「天」とその法を信じていた彼は、自分自身も信じていた。「天」を信じることは、常に自分を信じることでもあったからだ。

「断じて行えば鬼神《きしん》もこれを避ける」と彼は言い、また、こうも語っている。

「好機には二種類ある。思いもかけずやってくるものと、自ら働きかけた結果やってくるものだ。世の中で好機と呼ばれているのは、おもに予期せずやってくるものを指す。しかし、本当の好機とは、時代の求めに応じ、しかるべき理由を見いだし、それを実現しようと行動を起こした結果なのだ。危機に直面した際は、好機を自ら引き起こさなくてはならないのだ」

だから、まず人であり、西郷は有能な人物を何よりも重んじた。

「方法だの、制度だの、いくら論じたところで、それをきちんと切り盛りできる人材がいなければ何にもならない。まずは人材、その次に、どんな方法で運営していくかだ。人材こそ第一の宝であり、私たちはみなそういう人物になるよう心がけたい」

「天を敬《うやま》う人」は、おのずと、正義を尊び、それを実行する人にならざるを得ない。

「正義がきちんと行われていること」こそ、西郷による文明化の定義だった。彼にとって、正義ほど大事なものはこの世になかった。彼の命はもちろんのこと、国家でさえも、正義より大事ではなかった。

「正道を歩き、正義のためなら国家と共に散る覚悟がなければ、満足な外交など期待できない。相手が強大だと畏《おそ》れ、仲良くしてもらおうとすり寄り、自尊心のかけらもなく相手の言いなりになれば、やがて軽蔑されるだけだ。そうなれば友好的な関係など望めなくなり、結果的には相手国に服従せざるを得なくなるのだ」

同じような語気で、彼は続ける。

「どんな形であれ、一国の名誉が傷つけられた場合、政府が行うべきことははっきりしている。たとえ自国を存亡の危機にさらすことになろうとも、正義と大義の道に従うのだ。戦いと聞いただけでびくびくし、安易に平和を金で買う者は商法管理機関とでも呼ぶべきで、断じて政府のやることではない」

このような意見を述べる西郷は、当時、東京に駐在していた外国大使たちから尊敬を集めた。とりわけ英国大使のハリー・パークス卿ほど、西郷を尊敬していた人物はいなかった。この大使は東洋との外交手腕に長けていて、日本における

英国大使のハリー・パークス卿
1828～1885年　英国の外交官。1865（慶応元）年に駐日公使として赴任。フランス公使ロッシュと対立して薩長を支援し、明治新政府の外交政策を援助したが、条約改正には反対した。

イギリスの国益を長年にわたって維持してきた。

「正しくあれ、恐れるな」

これが西郷流の政府の運営の仕方だった。このように一貫した見方を保っていたので、身の回りで起こるさまざまな運動のなりゆきを見越していた。維新が起こるずっと以前、提唱者にとってすら新政府などまだ夢物語のようだった時代、西郷にとって維新はとっくに達成された現実となっていた。薩摩での長い島流しの刑がやっと終わり、以前のような責任ある地位に西郷を呼び戻すために使者が送られた時のことだ。彼は砂浜に新国家を建設するために、頭の中で完成させた一連の策を全部、砂に描いて説明した。この時西郷が予見していたあまりにもたくさんのことが、やがて現実となった。話を聞いた使者はのちに、「どうやら西郷さんは、人間ではなく神だ」と友人に語ったほどだ。このように、私たちは西郷が維新のさなか、完璧なまでの冷静さを保っていた様子を見てきた。それも当然のことであり、彼にははっきりと行く手が見えていたのだ。

維新の動きが始まったばかりの頃、新政府になったら天皇の位置づけはどうなるのだという懸念を一部の人は抱いていた。およそ一〇世紀もの間、天皇といえどもその地位が実際のところ不安定な状態で存続してきたからだ。宮廷歌人として有名な福羽美静《ふくばびせい》は、西郷にこう尋ねた。

「維新の動きは私も望むところです。しかし新政府が樹立されたとして、神聖なる天皇はどういうお立場になるのでしょうか」

西郷の答えは明解そのものだった。

「新政府になったあかつきには、天皇は本来あるべき地位に就いていただきます。そして直接、国政を指揮し、天から与えられた使命を全うしていただきます」

西郷にはまわりくどいところは一切ない。簡潔で筋が通っており、その明解さは日の光のようだった。そして正義とは、そのようなものである。

西郷は書物を残さなかったけれども、詩歌をたくさん残し、散文もいくつかしたためている。折に触れて書き記した感情の発露を通して、私たちは彼の内面を垣間見《かいまみ》ることができる。そして、それは平素の振る舞いと見事に一致していることがわかる。彼の詩文には、知ったかぶりなところがまったくない。西郷と並び称せられる多くの日本の学者たちとは違って、彼が用いる言葉や比喩は、いたって簡潔だ。例えば、次に挙げる詩ほど簡潔なものがあるだろうか。

福羽美静
1831〜1907年
幕末・明治の国学者で津和野藩士。大国隆正に学び、明治初期の神社行政に活躍した。

私には千糸《せんし》の髪がある
それは墨よりも黒い
私に一片の心がある
それは雪よりも白い
髪は断ち切ることができても
心は断ち切ることができない

あるいは、次のような作品は、いかにも西郷らしい。

道は一つのみ「是か非か」
心はいつも鋼鉄のようだ
貧しさは偉人を育て
功業は苦難のさなかに生まれる
雪を耐えて梅は白く
霜を経て楓は紅い
もし天意を知るならば

だれが安逸を望もうか

また、山で詠んだこの詩は、西郷そのものだ。

地は高く、山は深く
夜よりも静かで
人声は聞こえず
ただ天をみつめるのみ

最後に、「生財《せいざい》」と題された西郷の散文を抜粋しておきたい。

『左伝《さでん》』にはこう書かれている。「徳は、つまるところ財をもたらす源だ。徳が栄えれば、財はおのずとやってくる。徳が廃《すた》れれば、財もそのぶん減っていく。国土を潤し、人びとに平和をもたらすことで財は増えていく。小人物は自分の利益を得ようとするが、大人物は人びとの利益を第一にする。利己的な者はやがて朽ち果てる。公共のために尽くそうとする者は栄える。自分がどう身を処すかに

『左伝』
中国春秋三伝の一つで教書に数えられている。『左氏伝』『春秋左氏伝』ともいう。

よって、盛衰《せいすい》、貧富、興廃《こうはい》、生死が分かれる。だからどんな時も心すべきではないだろうか。

世間ではこう言う。『取れば富み、与えれば失う』

ああ、なんという間違いか。農業に例えてみればすぐにわかる。強欲な農夫は種を惜しんで蒔き、秋の収穫までただ座って待つだけだ。農夫が得るものは飢えでしかない。一方、良い農夫というのは良い種を蒔き、一生懸命に育てようとする。穀物は蒔いた種の一〇〇倍も実り、有り余るほどの収穫をもたらす。また、ただ蓄えることしか執着しない者は、収穫することは知っていても、植え育てることまで考えが及ばない。だが、賢い者は植えることに精を出す。だから、求めようとしなくても、収穫がちゃんともたらされるのだ」

「徳に励む人は、求めなくとも財はやってくる。したがって、世間で言われる『失う』ことは、本当は失うことではない。また、『得る』ことは、本当は得ることではない。昔の聖人君子は民に感謝して与えることを『得る』ことと考え、民から取り立てることを『失う』ことと考えていた。今とはまったく正反対である。

ああ、聖人君子の道に反してでも、人びとのために財と豊かさを求めるのは賢明と呼べるだろうか。真の損得の法則に反してでも、国を豊かにする手立てを講じようとするのは愚かだと呼べないだろうか。賢者は施すために節約する。自分が困窮しても気にかけず、人が困窮するのを気遣《きづか》うものだ。こうして財は、泉から水がわき出るように、自分へと流れ込む。恵みが降り注ぎ、人びとはその恩恵に浴す。これはみな、賢者が徳と財とのあるべき関係を熟知していて、結果よりも原因を求めるからである」

近代のベンサム的な功利主義者だったら、この西郷の考えを「古くさい経済観」と呼ぶかもしれない。しかしそれはソロモンの経済観、いや、ソロモンよりも偉大な存在の経済観と言えるだろう。それに世界がこれまで何世紀にもわたって存続してきたことを考えれば、決して時代遅れではない。

「施し散らしてなお、富を増す人がいる。その一方で、与えるべきものを惜しんで、かえって貧しくなる人がいる」

「まず神の国と義を求めなさい。そうすればすべてのものはみな与えられる」

西郷が書いたものは、聖書に記されているこうした神の言葉を補う注釈だったのではないだろうか。

ベンサム
1748〜1832年
英国の法学者・哲学者で功利主義の主唱者。個人の行為の判断基準が幸福の追求にあるのと同様に、社会の目的は「最大多数の最大幸福」の実現にあると説いた。

ソロモン
前961〜前922年頃
イスラエル王国第3代の王。通商を振興して経済を発展させ、エルサレムに神殿や宮殿を建設、いわゆる「ソロモンの栄華」を現出したが、国民は重税に苦しみ、死後、国土は分裂した。

もし我が国の歴史からもっとも偉大な二人を選べと言われたら、私は迷わず二人の人物を挙げるだろう。一人は太閤秀吉《たいこうひでよし》、そしてもう一人は西郷隆盛だ。二人とも大陸を征服する野望を抱いていた。世界中が彼らの活躍する舞台だった点も共通している。また両者はこの国ではずば抜けて器の大きい英雄だったけれども、それぞれ異なる偉大さを持っていた。太閤の偉大さは、どことなくナポレオンのようなところがあるようだ。ナポレオンには、はったり屋ともいえる面が多々あった。もっとも、その割合としてはずっと小さかったけれども、秀吉にも少なからずそうした面があった。それでも、太閤の偉大さは天分と言えた。つまり生まれつきの素質であり、偉大になろうと思わなくても偉大だった。

しかし西郷の場合は異なる。彼が偉大なのは、オリバー・クロムウェルのような資質がなすものだ。西郷は清教を信じていたわけではなく、清教徒とは呼べないにすぎないのだが、とてもクロムウェル的だった。西郷の偉大さには、純粋に意志の力が大きく関わっていた。それは道徳的な性質を持っており、至上の偉大さだ。西郷は、道徳をゆるぎない基盤にしてこの国を再建しようとした。そして彼の努力は一部ではあるけれども、成功を見たのだった。

太閤秀吉
豊臣秀吉。1536～1598年　安土桃山時代の武将、木下藤吉郎～羽柴秀吉と名を改め、1590年に全国統一を果たして天下人となる。

オリバー・クロムウェル
1599～1658年　英国の軍人・政治家。ピューリタン（清新走）革命における議会の指導者。

第1章　西郷隆盛——新しく日本を創った人

◇あなたは西郷隆盛の徳・信念をどう読み解きますか？

第2章

上杉鷹山

——封建領主

【上杉鷹山（うえすぎ　ようざん）】
1751～1822年　江戸中～後期の大名、米沢藩主。名は勝興・治憲で鷹山は号。藩政の改革に努め、質素倹約を率先励行した。財政改革、殖産興業、新田開発を行い、米沢藩の藩政を立て直した。また藩校興譲館を設立して、人材育成にも力を注いだ、

1
封建制度による統治

果たして「天の王国」は、この未熟な世界では望みようがないだろうか。確証はなかったけれど、人類はまったく不可能ではないはずだと考えた。そして、この王国を切望し続けてきた。人類の歴史は始まりからこのかた、この王国を実現するためのさまざまな試みの積み重ねともいえる。キリスト教徒はヘブライの預言者たちにならい、一九世紀もの間、この王国が人の世に到来するよう祈り続け

ヘブライ
元来はヘブライ人を意味したが、のちに呼称として古代イスラエルの民族、文化、言語などを総称する際に用いられる。

てきた。中には待ちきれなくて、人の手で建設できるはずだと考える者も現れた。堕落したアダムの子孫の中に、王国を実現させようとする大胆な試みが、しばしばなされたのだ。そこで払われた尊い勇気と気高い自己犠牲は、他では見られないものだった。サヴォナローラのフィレンツェ共和国、クロムウェルのイギリス共和国、ペンのデラウェア河畔での「聖なる実験」などは、そうした稀少な試みだった。これらは、人類の勇敢さがもっとも崇高な形でこの世に再現されたといえるだろう。それでもやはり、この理想の国はごく一部しか実現されなかった。世の中の仕組みや政府が進化した私たちの時代でさえも、神と人間との隔りは、私たちの祖先が一〇世紀ほど前に王国建設に取り組んだ頃と変わってはいない。それどころか、はかばかしい変化も見られないので、人類は堕落の方向へ向かって進んでいると警鐘を鳴らす賢者もいるほどだ。

もちろん、何であれ専制政治は、とんでもない代物だ。このような統治が行われているのは、今はもう熱帯地方ぐらいのものだろう。それすら早晩、改められるに違いない。そうかといって、選挙制度さえあれば、どんな専制も寄せ付けないと考えるのは愚かだ。私たちが悪魔と手を結んでいる限り専制政治はこの世にはびこり、悪魔を完全に追放するまでこの世からなくなりはしない。したがって

堕落したアダムの子孫
アダムとイブが禁断の木の実を口にし神の命令に背いた罪は、人類が最初に犯した罪＝原罪とされる。アダムの子孫である人類はこの罪を負い、現世の期間、堕落した状態を受け継いでいるとキリスト教では考えられている。

サヴォナローラ
１４５２〜１４９８年
イタリアの聖職者、宗教改革者であるジローラモ・サヴォナローラ。

フィレンツェ共和国
イタリア中部の都市フィレンツェの前身で、１５３２年まで存在した都市国家。

ペン
１６４４〜１７１８年
アメリカ、ペンシルベニア植民地の創設者で、熱心なクェーカー教徒であ

人類はこれまで二種類の専制政治に苦しめられてきたといえる。それは、独裁的な専制政治と、選挙による専制政治だ。選挙のほうは独裁よりも弊害はましなだけだ。もっと進歩した、あるいは最善の政治のしくみがこれから育ってゆくのだろう。だが、いつ、どんなふうに実現するのかは、時の流れにゆだねるしかない。

しかし、すべてを信じよう。どんな社会の仕組みも徳に代わるものはない、と。そればかりか、徳によってきちんと社会が治まれば、統治の仕組みはかえって邪魔になる。人類が「改良を重ねてきた仕組み」は、どちらかと言えば泥棒をつかまえておくためのもので、聖人を助けるためのものではない。議会制度とは、警察の機能を改良したようなものと思えばよい。ごろつきや、やくざ者はしっかり取り締まることはできても、警察は聖者や英雄の代わりは務まらない。したがってこの制度は、「可もなく、不可もなく」というのが妥当だろう。

もちろん、封建制度にも欠陥はあった。けれども、ネズミを追い払おうとして、納屋まで焼き払ってしまったのではないかと心配になる。封建制度を追いやったことによって、そこにあった忠義や武士道、胆力や人情までも私たちはなくしてしまった。本当の忠義とは、主君と家臣とが、直接向き合って初めて成り

るウィリアム・ペン。父は、クロムウェルに仕え、チャールズ2世の王政復古にも協力した有名なイギリスの海軍提督。

デラウェア河畔での「聖なる実験」
17世紀に英国のウィリアム・ペンが植民地として建設した独立13州の1つで、ペンの森という意味を持つペンシルベニアを指す。フィラデルフィアは独立宣言公布の地とされる。

専制政治
国家の統治権を君主あるいは少数の者が独占し、かつ恣意的に行使する政治体制を指す。

封建制度
中世社会の基本的な支配形態で、封土の給与とその代償としての忠勤奉仕を基礎として成立する、国王・領主・家臣の間の

立つものだ。両者の間に「制度」を持ち込んだとしよう。すると、君主は単なる統治者でしかなくなり、家臣は人民でしかなくなる。そして忠義は消え失せるだろう。争いごとが起きれば、文書に定めた決まりにそって処理され、かつてのように心をもって裁くことはなくなる。献身はもちろん、美習の多くは、仕える「我が主君」がいて、大事にする「我が家臣」がそろって初めて生じるものだ。

封建制度の優れた点は、この支配する者と仕える者との個人的な人間関係にある。つまり家族制度を国に当てはめたものだといえるだろう。だから申し分なく機能している封建制度は、どんな形の政府よりも優れている。また、封建制度を動かす愛情の法則は、どんな憲法よりも優れているといえるだろう。あらゆる書物の中でも最高とされる書物の中にも、こう記されているではないか。将来の約束された王国では、私たちが「我が民」と呼ばれ、「御身《おんみ》の鞭《むち》、御身の杖《つえ》」に励まされる、と。だから、私たちが心から望んでいるのは、封建制度がこの世から未来永劫《えいごう》なくならないことなのだ。これから先、何百年、いや何千年かにわたって政治のあり方について議論が戦わされたとしよう。そして、そのあかつきに、私たちはみんな同じ父の子であり、兄弟であるという日が訪れたとしよう。その時こそ、封建制度は賛美とともに完璧によみがえるだろう。そして、真の侍が復

主従関係に基づく統治制度を指す。

最高とされる書物『旧約聖書』を指す。

権し、「敗者をいたわり、奢《おご》る者を砕き」、「平和の律法を築く」ことを、私たちは願ってやまない。

さて、そのような王国がやってくるのを待つ間、しばし気分転換をしてみたいと思う。実は理想の王国によく似た国が、かつてこの水と大地とからなる地球上に存在していたことがあるのだ。しかもキリスト教徒ではないこの日本にである。それはまだ、西洋から英知がもたらされる前の時代だった。世界から隔てられていた中で、この国は「和の道」を心得ていた。そして独自に培った「人の道」を実践していた。そこには、破滅に決死の覚悟で挑む英雄がいたのである。

② 人物像と業績

現在の羽前地方にあった米沢藩に赴任した時、上杉鷹山《うえすぎようざん》は、まだ一七歳の若者だった。九州の小さな大名だった秋月家に生まれ、格式も石高も上の大名である上杉家の藩主となるために、養子としてやってきたのだった。けれどもこの養子縁組は、名誉ではあるけれど、決して割の合うものではなかった。その理由をこ

羽前地方
1868（明治元）年に出羽を羽前・羽後と南北に二分した南の部分を指し、現在の山形県の大部分にあたる。

米沢藩
江戸時代、出羽国置賜郡米沢（現 山形県米沢市）に藩庁をおいた外様藩。関ヶ原の戦い後の処分により、会津120万石から30万石に減封された上杉景勝が、家老直江兼続から譲り受けた米沢城に移って米沢藩が成立し、以後明治維新まで上杉氏13代が続いた。

秋月家
日向（現在の宮崎県）高鍋藩主秋月家。

れから見ていこうと思う。諸国を見渡してもありえないほどの重い責任が、この鷹山に降りかかることになるのだ。

この少年を先代の米沢藩主に推薦したのは、鷹山の叔母だった。「物静かで思慮深く、孝行心に篤い子です」と、叔母は藩主に鷹山の人となりを評していた。鷹山は身分の高い子にしては珍しく、師に対しても従順だった。師の細井平洲《へいしゅう》は、高潔で知られる儒学者だった。尾張の農民から身を起こし、このような責任ある地位についた人物である。この立派な師が、鷹山に繰り返し聞かせた一人の忠実な門下生の話がある。

徳川頼宣《よりのぶ》は紀州藩の大大名として知られる。彼の左の太ももには傷跡が残っており、頼宣公はその傷を、ことあるごとに慈《いつく》しむように眺めていた。それは言うことを聞かない頼宣を叱るため、師が強くつねった時の傷だ。頼宣公はこの傷について、しばしばこう語ったといわれる。

「この傷は私の尊敬する師の戒めだ。本当に領民のためになることなのか吟味するよう、いつも私を見守っていてくれる。だが、年とともに次第に傷が消えていき、用心も次第に怠りがちだ」

師の細井平洲からこの逸話を聞くたび、若い鷹山はむせび泣いた。このよう

細井平洲
1728～1801年
江戸中・後期の儒者で尾張の農家の生まれ。上杉鷹山の依頼で藩校興譲館を興し、のち尾張藩の明倫堂督学を務め民衆教化にあたった。

徳川頼宣
1602～1671年
江戸初期の大名。紀州徳川家の祖で家康の10男、通称は南竜公。知略にすぐれ、詩歌もよくした。

紀州藩
紀伊国（現在の和歌山県）名草郡和歌山に藩庁を置いた親藩で紀伊藩ともいう。徳川御三家の1つとして幕政を支えた。

に、当時としては珍しく、とても感受性が豊かだった。ふつう、身分の高い家柄の子弟は、平民と厳しく分け隔《へだ》てて養育された。そのため、下々《しもじも》に対する自分の務めにも、なぜ権力や富を与えられているかということについても無自覚になりがちだった。

鷹山の心の奥底には、ある中国の賢者の言葉が刻みつけられていたようだ。

「民を視《み》ること傷《いた》むがごとし」

彼はこの言葉を座右の銘にし、後に民を治めるうえでの指針にしていた。これほど感受性が豊かな人間が、信心深くないはずがない。鷹山は藩主になった日、次のような誓文を春日神社に奉納した。この神社は氏神《うじがみ》がまつられているところで、鷹山の生涯にわたる守護神となった。

一．文武の修練は、自ら課した定めに従い、怠りなく励むこと
二．民の父母となることを第一の務めとすること
三．次の言葉を昼夜忘れないこと
贅沢《ぜいたく》しなければ危機は来ない
施しをせよ、浪費を慎め

ある中国の賢者の言葉
『春秋左氏伝』にある言葉で、「民をいたわることとは、自らの傷をいたわることと同じようにしなさい」という意味。

氏神
古代の氏族が共同でまつった祖先神、あるいはその氏と特に縁故のある守護神。また、それをまつった神社のこと。

四．言行の不一致、賞罰の不公平、不実と無礼を犯さないよう身を慎むこと

以上を今後、私は遵守すると誓う。もし怠ったら、すぐさま神罰を下して家運を永久に消滅されることを望む。

以上

上杉弾正大弼《だんじょうだいひつ》

藤原治憲《はるのり》

明和四年八月一日

この人物が直面することになった役目は、誰も敢えて引き受けようとはしないものだった。鷹山を養子に迎えた上杉家は、太閤秀吉が天下を取る前は全国でもっとも強大と言われた戦国大名だった。上杉家は越後地方に広大な勢力を誇っており、西国の沿岸部にも数カ所の所領があった。その後、太閤秀吉の命で会津に国替えとなり、石高は大幅にそがれることとなった。それでも一〇〇万石を保持し、太閤のもとで上杉家は五大名の一翼とされた。

弾正大弼　律令官制の一つで内外の非違を糾弾し、風俗を粛正することを職掌とした警察機関を弾正台と呼ぶ。大弼は弾正台の次官の役職を指す。

藤原治憲　元服後の名前で、鷹山は引退後の出家号。

越後地方　北陸道の一国を指す旧国名で、現在の佐渡島を除く新潟県。

だが、関ヶ原の戦いで反徳川方に付き、その結果、遠く米沢に転封となった。これを機に石高は三〇万石まで減らされ、さらに半減された。鷹山がやって来た時、米沢藩はわずか一五万石。にもかかわらず家臣の数は一〇〇万石の頃と変わらず、しきたりも当時のまま執り行われていた。

そのような状況だったから、藩はほとんど維持できず、負債は数百万石にも上っていたと聞いても、驚かないだろう。また、年貢の取り立ては過酷になり、これはたまらないと逃散する領民が相次いだ。領内のいたるところ、すさまじく困窮するありさまだった。

米沢は羽前の南に位置し、海には面していない。土地も豊かとはいえず、天然資源も他の国ほどには恵まれていなかった。どれ一つ取っても希望などないありさまで、藩は、崩壊もやむなしと思われていた。実際、米沢藩全体からかき集めても、たった五両すら工面できないことがよくあった。二〇〇ヘクタールの領地に一〇万人余りの領民を抱える大名が、まさか、ここまで極貧にさらされているとは信じられない状況だった。

藩主となった若き鷹山は、まず、浪費に歯止めをかけることから着手した。次に、困窮に耐えられる体質に組織を変えることだった。そしてもし、氏神である

関ヶ原の戦い
1600(慶長5)年9月15日、徳川家康の率いる東軍と、石田三成を中心とする西軍によって、美濃国関ヶ原(岐阜県不破郡関ヶ原町)で行われた「天下分け目」の戦い。

春日神社が祝福してくれたなら、この所領をいにしえの賢者が言う理想郷にしたいと願った。

藩主の地位についてから二年後、鷹山は初めて米沢の地を踏んだ。季節は晩秋、ただでさえ悲惨な状況をいっそうもの悲しいものにしていた。領内を進んでいくと、鷹山は、村人が逃げ去り、うち捨てられた廃村を次々と目の当たりにした。眼前に繰り広げられるその光景は、感受性にあふれたこの若き藩主の胸に深く刻まれた。そうした中、駕籠《かご》の中で小さな火鉢《ひばち》の炭を吹いて火を熾《おこ》そうとしている鷹山に従者が気づいた。

「殿、すぐにもっとよく熾った火を用意いたします」と言うと、鷹山はこう答えた。

「それには及ばない。私は今、すばらしい教訓を得ている最中なのだ。それについては、あとで語ろう」

その夜、一行が泊まった宿でのことだ。藩主は付き人たちを呼び寄せ、昼間、経験した尊い教訓について語り始めた。

「今日、人びとの悲惨な様子を目の当たりにし、私はすっかりうちひしがれた。その時、消えそうになっている火鉢に目がとまった。私はゆっくりと息を吹きかけ、そっと、粘り強く火を熾そうとした。やがてうまい具合に炭火は再び熾り、私はうれしくなった。こんなふうに治世に励めば、この国を再興させ、領民の暮らしを安らかにすることができるかもしれない。そう思うと、再び希望が涌いてきたのだ」

3 藩政改革

人が変わろうとすると、まるで天敵のように立ちはだかる人間もいるものだ。他と同様、この日本も例外ではない。若い鷹山は変革を成し遂げなければならず、それができなければ藩の救済もあり得なかった。そのためには、まず鷹山自身が変わることから始めなければならなかった。

当然のことだが、財政を立て直すことが何を置いても急務だった。秩序と信用を取り戻すために、ともかくまず倹約から始めなければならない。そこで藩主自らが率先し、家計の切り盛りにかかっていた費用一千五〇両を二〇九両に切り詰め、五〇人雇っていた奥向きの女中も九人に減らした。自らの着物は木綿に限り、食事は一汁一菜《いちじゅういっさい》を越えないようにした。家来たちもそれにならうこととなったけれども、鷹山が自らに課したほどには厳しくなかった。それでも、禄高《ろくだか》を半分に減らし、それによって節約できた分は、積もり積もった藩の負債に廻された。これを一六年間続けてようやく、米沢藩の逼迫《ひっぱく》した債務から解放されることとなる。しかしながらこれはまだ財政改革の消極的な一面にすぎなかった。

「民の幸福こそ、為政者《いせいしゃ》の幸福である」

「誤った統治をしておきながら、民に富を期待することは、キュウリの蔓《つる》からナスの実を獲ようとするようなものだ」

よい治世《ちせい》を行うためには、適材適所が欠かせない。封建制度の性質上、身分の分け隔てなく、能力によって人材を登用することは大変難しくはあった。けれども、それをなんとしてでもやらなくてはならない。乏しい公庫をやり繰りし、優秀な人材には十分な俸禄《ほうろく》を確保した。そして、役職を大きく三つに分けて、それぞれに最適な人材を登用した。

第一の役職は、郷村頭取《ごうそんとうどり》とその補佐役である郡奉行《こおりぶぎょう》である。彼らには「領民の父母」役として、この小国の管理全般を任せた。鷹山はこの役職についてこう語っている。

「幼子は自分のことすらわからない。けれども母親には、子が何をして欲しいのかわかる。だからちゃんと子どもを満ち足りさせることができる。それができるのは、真心があるからだ。真心から慈愛が生まれ、慈愛から知恵が生まれる。母が子を慈しむように、役人もまた領民に愛情を注がなくてはならない。その心さえあれば、今、自分の力が及ばなかったとしても、嘆くことはない」

第二の役職は、教導出役《きょうどうしゅつやく》というものだ。これは、いわば道徳や礼儀作法を教えてまわる指導員のような立場だ。

彼らの役目は、「親孝行の大切さや、寡婦《かふ》や孤児への思いやりはもちろん、婚姻、身だしなみ、食料や食事の作法、葬儀、屋敷の改修など」に及ぶ。このため領内を十二に区分けして、それぞれの地区に教導出役が一人付いた。教導出役は年に二回、全員が集合してお互いに情報を交換した。また、領民の間を回って適宜、任務の進展状況を藩主に報告した。

第三の役職は、廻村横目《かいそんよこめ》といい、厳格な警察の役目だ。役人たちは無法者や悪事を働いた者を捜査して厳しく罰する任務を帯びていた。咎人《とがにん》には情け容赦を一切せず、村といわず、町といわず、領内をくまなく捜査した。犯罪者を出すことはその地域の恥である。だから教導出役はみな、自分の担当している地域が廻村

寡婦　夫と死別または離婚して、再婚しないでいる女性。

横目のやっかいになるようなことが起きれば、責任を取った。
この第二の役職である教導出役と、第三の役職である廻村横目について、こう語っている。

「教導出役は地蔵菩薩《じぞうぼさつ》の慈悲で民に接しなさい。そして不動明王《ふどうみょうおう》の正義を忘れないように」

「廻村横目は閻魔大王《えんまだいおう》の正義と義憤を示しなさい。だが地蔵菩薩の慈悲を胸に秘めておきなさい」

この三つの役職はお互いに連携し、みごとに機能した。鷹山による藩政全般を見渡した方針は、郷村頭取と教導出役を通じて領民に伝えられた。同時に鷹山は、こう考えていた。

「教育を受けていない民を治めるのは手間がかかり、効果も上がりにくい」

こうして、教導出役が領民の教育を担当することになった。だが、その教育も規律あるものにしなければ効果は上がらない。そこで、もっとも厳格な廻村横目によって教育をさらに効果的にし、慈悲に満ちた取り組みにした。まだ若い藩主が、こうした統治制度を練り上げられたということは、それだけ人間性についての深い洞察力を持っていたに違いない。

地蔵菩薩
釈迦が亡くなった後に、弥勒菩薩が現れるまでの間、すべての生き物を救うとされ、平安時代頃から信仰の対象になった。

不動明王
五大明王・八大明王の主尊で、悪魔を下し、仏道に導きがたいものを畏怖せしめ、煩悩を打ちくだくとされる。菩提心の揺るがないことから不動という。

閻魔大王
インド神話で正法・光明の神。のち死の神と考えられ、仏教では、冥界の王や地獄の王として、人間の死後に善悪を裁く者とされる。

この新しい体制は五年間、とくに妨害に遭うこともなくきちんと実施された。秩序が再び芽生え、絶望的と見られていた領内にも、再建の希望が蘇《よみがえ》り始めた。そんな矢先、もっとも手強い試練が訪れた。おそらく鷹山ほどの人物でなかったら、太刀《たち》打《う》ちできなかっただろう。それは、保守派による揺り戻しだったた。私腹を肥やそうとするわけではなかったが、とにかく古い習慣を変えることに抵抗を示す一派だった。

ある時、七人の重臣が若き藩主に詰め寄った。新体制の不満を訴え、すぐさま元に戻すよう口約束を取り付けようとしてきたのだ。藩主は、それには答えなかった。彼は自分の評価を民に託すつもりでいた。もしも人々が新体制に反対なら、自ら身をひいてもっと有能な人物に変わってもらおうと決心した。

そこで鷹山は、ただちに家臣全員を招集して合議を開くことにした。鎧《よろい》の出で立ちに武器を携えた何千人もの家臣たちが場内に集合した。その間、この主君は春日神社に赴《おもむ》いて、難題が平和に解決されるよう祈願した。それから鷹山は家臣たちに向き合い、自分の政治は天意に背くと思うか、と問うた。郷村頭取と郡奉行の答えは「いいえ」だった。教導出役も一人残らず「いいえ」と答えた。そして廻村横目とその部下たちも全員、やはり「いいえ」と答えた。まさに「異口同《いくどう》

七人の重臣が…
1773（安永2）年6月27日に起こったお家騒動を指し、「七家騒動」「七家訴状事件」といわれる。

音《おん》」に「いいえ」だったのである。藩主は満足だった。「民の声は天の声」である。こうして鷹山の腹は決まった。

七人の重臣たちを面前に呼び、藩主は裁きを言い渡した。そのうちの五名は所領の半分を没収され、無期限の蟄居《ちっきょ》を命ぜられた。首謀者の二名は、武士の作法にのっとり、名誉ある自決の道である切腹を言いつかった。

こうして保守反動派《ほしゅはんどうは》と不平不満の輩は一掃され、明るい兆しがふんだんに流れ込んで来た。どんな改革も、こうした難題を乗り越えて初めて達成できるものだ。若き藩主は、信心深く、鋭い感性を持ちながら、真の英雄でもあった。米沢藩の行く手には、この藩主による豊かな治世が待っていた。

4 産業改革

鷹山は二本柱による産業政策を掲げた。一つは、領内に遊ばせている土地が一カ所もないこと。もう一つは、怠けている領民が一人もいないことだ。領地はさほど肥沃《ひよく》ではなかったけれど、自らはもちろん、領民が一丸となれば、石高を今の一五万石から倍の三〇万石まで増やせると考えていた。そこで鷹山は、全力で農業の振興に励む決心をした。

藩主になって数年後、鷹山は、古式にのっとり「籍田《せきでん》の礼」を大々的に執り行った。藩主、郷村頭取、郡奉行、代官《だいかん》、教導出役、廻村横目が全員、祭服《さいふく》姿で春日神社に詣でた。そして、自分たちの目的と決意を春日大明神に報告した。

次に一行は、開墾したばかりの新田へ出向いた。藩主が自ら鍬《くわ》を手に取り、静《せい》粛《しゅく》に三回、鍬入れを行った。続いて郷村頭取が九回、そのあと郡奉行が二七回、代官が八一回、こうして最後に鍬は、まさに「土を耕す者」である民の手に渡った。一連の儀式は、大地を尊いものにした。そして、この土地から命の恵みがもたらされることを願う厳《おごそ》かな宣言がなされた。これは決して迷信ではなかった。

鷹山は平時に武士たちに農作業をさせ、荒れ放題だった土地を何千町歩も蘇らせた。また、漆《うるし》を抽出できるウルシの木を広範囲に植えるよう命じた。武士の家の庭には、その苗木を一五本、それ以外の家には五本、寺は境内に二〇本を植えるよう指示した。割り当てられた本数より多く植えれば、一本につき二〇文の報奨金が下された。逆に木を枯らして、代わりの苗を新しく植えなかった場合は、一本につき二〇文の罰金を科した。

籍田の礼
宗廟の祭祀に供える穀物を植えるため君主が自ら耕作する田において執り行われた祭礼。中国古代の風習で、日本でもこれにならって江戸時代に行われた。

代官
本来は本官を代理する人の呼称。中世以降は所領を預かり年貢収納をつかさどる者を代官と称したが、江戸時代では幕府、諸藩の直轄地の行政、治安を担当した地方官をいう。

こうして一〇〇万本を越す苗木が、あっという間に領内に根付いた。それはのちに素晴らしい効果をもたらすこととなった。また、耕作に向かない土地には、和紙の原料となるコウゾが、やはり一〇〇万本以上も植樹された。

しかし鷹山は、さらにその先を目指していた。それは、領内を全国でも有数の絹《きぬ》の一大産地にすることだった。とはいえ、藩の台所事情は乏しく、必要な資金を工面できそうもなかった。そこで鷹山は奥向きの費用二九〇両から、さらに五〇両を切り詰め、絹産業を少しずつでも推し進めることができるようにと用立てた。この若い藩主は、「わずかな元手でも、長年続ければ巨額な投資となる」と語った。実際、鷹山はこれを五〇年続けた。自らの手で着手した桑株の植樹は、やがて成長して株分けされて領内の至る所に根付き、もう植える場所はないという状態になった。今日、米沢地方で絹の生産が盛んなのは、かつての藩主が忍耐強く、養蚕《ようさん》に愛情を注いだからにほかならない。米沢産の絹織物は、市場でも最高級の品の一つに数えられる。

さて、領内には荒れ地がまだまだあった。瑞穂《みずほ》の国といわれる日本では、豊かな田んぼかどうかは、水利がよいかどうかにかかっている。領内は灌漑《かんがい》が十分でない耕作地が多く、そのせいで不作になりがちだった。遠方から用水路を引き込

コウゾ
クワ科の落葉低木で、樹皮の繊維を紙の原料とするために栽培する。クワによく似た木で、高さは約6メートル。

米沢産の絹織物
上杉鷹山が藩の財政を建て直すため産業振興に力を注ぎ、女性たちに織物を修得させたのがその発祥とされ、越後から縮みの技術が導入されて発展した。

瑞穂の国
瑞穂の実る国を意味する日本の国の美称。

灌漑
農作物の生育に必要な水を、水路を引くなどして供給し、耕作地をうるおすこと。

む工事をしようにも、もう藩の蓄えは底をついてしまっていた。しかし鷹山のいう倹約は、けちとは違う。「施《ほどこ》して、浪費しない」が座右の銘だったのだ。

確実に公共の利益となるのなら、不可能なことなどない。ねばり強く取り組めば必ず足りない手段を補うことができる。そう、鷹山は確信していた。その信念が、もっとも貧しい大名でありながら、この国の二大土木工事を完遂《かんすい》させることとなった。

その一つは、全長四五キロメートルもの農業用水路だ。これは、水路橋と、水を通す長く高い堰《せき》を構築したもので、灌漑工事の傑作とされる。そして、もう一つはトンネルを掘削して川の流れを一部変える工事だ。その場所には固い岩盤が立ちはだかり、四〇〇メートルあまりを貫通させなければならなかった。この事業には二〇年もかかったけれども、鷹山が残した数々の業績の中でも、群を抜いて重要なものとなった。

鷹山の家臣に黒井忠寄《ただより》という男がいた。愚鈍で口数は少なく、周りからは役立たずと思われていたけれども、鷹山によって見いだされることとなった。黒井にはたぐいまれな和算の才能があったのだ。黒井こそが、粗末な道具で領地を細かく測量し、この二つの土木工事の計画を綿密に立てたのだった。当時の常識から

黒井忠寄
１７４７〜１７９９年
江戸時代中・後期の武士で米沢藩藩士。勘定頭から年寄となる。藩主上杉鷹山の命で堰奉行となり、寛政６年松川から北条郷への用水路開削に着手。寛政９年に総延長３２ｋｍの黒井堰を完成させた。

見れば、どちらも狂気の沙汰としか思えない壮大な工事計画だった。

黒井は最初の土木工事の完成を見て、二つめに取りかかっているさなかに病没した。だが、彼の計画に基づいて工事は続けられ、着工から二〇年後、ようやく両側から掘り進められていたトンネルが貫通した。その上下のずれはわずか一メートルほどで、黒井の計算がいかに正確だったかにみな驚かされた。もちろん、測角儀《そっかくぎ》や経緯儀《けいいぎ》が、日本ではまだ知られていない時代の快挙だった。こうして不毛の地にも潤いがもたらされ、米沢藩の領地には豊かな実りが約束された。おかげで今日に至るまで、東北地方でもこの米沢だけは水不足に見舞われたことがない。

鷹山は領民のためになることならどんなことにも気を配った。品種改良された馬を買い入れ、池や川に鯉やウナギを放流し、坑夫や織工を他領から招いた。商売の妨げになる因習はすべて取り去り、領内で利用できるものなら何でも、どんな方法を用いても開発に努めた。こうした一連の諸策に加え、領内には怠け者がいなくなった。みんなが働き者になったことで変化がもたらされたのだ。そして、かつて全国でも最貧に甘んじていた米沢の地が、鷹山の晩年には、他国から模範とされるほど生産性の高い国となった。以来、それは変わっていない。

測角儀や経緯儀
測地測量、一般測量あるいは天体観測に使用される光学器械の一種で、目標点の水平角および高度を測定するための装置。一般にトランシットやセオドライトと呼ばれる。

5 社会と道徳の改革

経済的な豊かさは道徳と切り離せないという見方は、東洋の知識における美点の一つだ。東洋の思想家は、富は常に徳の結果もたらされるものと捉えていた。その関係は果実と樹の関係と同じである。樹に肥料を与えれば、苦労することなく確実に果実がなる。同じように、「民に愛情を注げば」富は当然もたらされる。「このように、賢い者は樹をまず気遣《きづか》うから果実が得られる。愚かな者は果実を得ることばかり考え、結局は実を得られない」

こうした儒教に基づく考え方は、鷹山の師である細井平洲から教え込まれたものだった。

ここに、鷹山が一連の産業改革を成し遂げられた大きな理由がある。それは、まず、人々に徳を身に付けさせることを目指していた点だ。享楽《きょうらく》に身を任せる幸せは、鷹山の理念とは相容れないものだった。富を得ることは、それによってすべての人々が、昔から言われる「衣食足りて礼節を知る」ためのものだ。鷹山は、当時の慣例に縛られないで、天から預かった領民を「人の道」へ導くことを目指した。これは、大名も農地を耕す者も同じように従うべき道だった。

藩主になって数年が経ち、一連の改革が順調に動き始めた頃、鷹山は長い間閉校になっていた藩校を再開させた。「謙譲《けんじょう》の徳を興す」という意味を込めて、校名を興譲館《こうじょうかん》とした。鷹山が第一に目指していた徳をこの校名はよく表している。この学校の規模や設備の充実ぶりは、当時の藩の財政事情からすると破格なものだった。鷹山自身が師と仰ぐ細井平洲は、この藩校興譲館の学長として米沢に招かれたのが縁だ。平洲は当時、もっとも広く、そして深く学問を究めた人物として世に知られていた。

また、奨学金を潤沢《じゅんたく》に用意し、貧しくても優秀な若者が高等教育を受けられる道を作った。興譲館はその後一〇〇年近くにわたって全国の藩校のお手本となった。今でも、この名前を残し、学校が存続している。藩校を前身とする学校としては、おそらく国内でももっとも古い歴史をもつうちの一つだろう。

このように思いやりに満ちた治世を行ったけれども、実際に病人を治す施設を備えて初めて完全な社会になる。もちろん、私たちの賢明な藩主はこの点についても抜かりはなかった。

医学校が創立され、当時の日本で最高の医師二人が師範として迎えられた。薬

興譲館
1776年に上杉鷹山が細井平洲を指導者とし、従前からあった学校施設を再編して発足させた米沢藩の藩校。

草を栽培するために植物園も開設され、採取された薬草を使って薬学が教えられたほか、調剤も実際に行われた。当時はまだ、西洋医学が恐れられ、疑いの目で見られていた時代だった。にもかかわらず鷹山は、家臣を数名、日本で初めてとなる有名な蘭方医《らんぽうい》の杉田玄白《げんぱく》のもとに遣《つか》わし、新しい医術を学ばせた。そして、それが和漢の医学に勝ると確信を得ると、鷹山は費用を惜しまなかった。できる限り医療器具を購入し、医学校で実習に使ったのはもちろん、医療の現場でも自由に使えるよう取りはからった。

このようにペリーの艦隊が江戸湾にやって来る五〇年以上も前に、東北の山々に囲まれた地方で、西洋医学が領民に施されていたのである。鷹山は漢学を学んだからといって、漢学の思考しかできない人ではなかった。

鷹山が純粋に行った社会改革について、ここでは二つ取り上げてみたい。

一つは、公娼《こうしょう》の廃止で、これは鷹山が目指していた「思いやりのある政治」によくかなうものだった。この問題にはお決まりの反論があるものだ。つまり、公娼を廃止すれば、欲情のはけ口がなくなって、もっと凶悪な力となって社会の清らかさを汚す危険性があるというのだ。だがこれに対する鷹山の答えは明快だった。

蘭方医
江戸時代にオランダから伝来した西洋医術を用いた医者。

杉田玄白
1733〜1817年
江戸中・後期の蘭方医で蘭学の祖。父は若狭国小浜藩酒井侯の藩医杉田甫仙。前野良沢らとの翻訳「解体新書」は日本医学史上に絶大な貢献をした。

公娼
おおやけに営業を許された売春婦。

「欲情がそのようなことで静まるのなら、遊郭《ゆうかく》がいくらあっても足りはしない」以来、公娼廃止は長く続いたが、それによって世の中に不都合が生じることは一切なかった。

二つめの社会改革は、領内で何よりも大事な農民階級に対するものだ。これは、「伍什組合《ごじゅうくみあい》の仰出《おおせいで》」という訓示に表れており、鷹山がどういう国作りを目指していたかがよくわかる。ここでは、できるだけ原文に近い形で全文を紹介してみたい。

農民の天職は、農（耕作すること）と桑（養蚕に従事すること）にある。これにいそしみ、父母、妻子を養い、藩に年貢を納めてその庇護《ひご》を得る。しかしこうした一連のことは、お互いに助け合って初めてできることである。したがって、そのための何らかの相互に助け合う組合が必要となる。すでにそれに相当する仕組みもなくはない。しかし十分に頼れるものではないと聞いている。そこで新しく伍什組合と五カ村組合を設けたい。その概要は以下の通りである。

一．五人組は、お互い一つの家族のように親しみ、喜びと悲しみを共にするこ

遊郭
遊女を抱えた家が多く集まっている地域。くるわ、遊里、いろざと、いろまちなどとも呼ばれる。

と。

二．十人組は、親類のように互いに行き来し、家事を助け合うこと。

三．同じ村に暮らす者同士は、友のように助け合い、世話し合うこと。

四．五カ村組合は、本当に親しい隣人のように困った時はいつも互いに助け合うこと。

五．お互い親身になって助け合うことを怠ってはならない。子のない年寄り、親のない子ども、貧乏で養子を取れない者、夫に先立たれた妻、身体が不自由で自活できない者、病を得て暮らしが成り立たない者、亡くなったのに埋葬《まいそう》ができない者、火事に遭い雨露《あめつゆ》をしのぐことができない者、あるいはさまざまな災害で家族共々困窮《こんきゅう》している者、このような頼りを必要としている者たちを五人組は引き受け、身内として世話をすること。

もし五人組で手に余るようであれば、十人組が力となること。それでも足りなければ村全体で支え、暮らしが立ちゆくようにすること。さらに、一つの村が災害で窮地《きゅうち》に陥った時には、隣村は見て見ぬふりをしたり、手をさしのべなかったりするようではいけない。五カ村組合の残りの四つの村は、進んで救済に応じること。

六、良い振る舞いを奨励し、悪を戒め、自制心を養い、贅沢《ぜいたく》を慎み、そのようにしておのおの天職を全うさせることこそ、組合を作らせる目的である。農作業を怠り、本業から横道にそれて別の稼業に手を染めたり、歌舞、演劇、酒宴といった贅沢に耽《ふけ》ったりする者がいれば、まずは五人組が注意を促すこと。それでも改めなければ十人組が注意する。さらに手に負えない時は、密かに村役人に訴えて、それなりの処分を受けさせることとなる。

享和二（一八〇二）年二月

この布告を見てわかるように、いかにも役所らしいところがまったくない。このような公文書が世界のどこかで発布されたり、実施されたりしたという話も聞いたことがない。本当に鷹山の米沢藩だけだ。

アメリカを始め他の国の農業者組合は、産業に限った協同組合であり、主な動機は自分のためだ。使徒《しと》が建てた初期のキリスト教会まで遡ってようやく、鷹山によるこのような農業組合と似た共同体のあり方を見つけることができる。

廻村横目、教導出役、藩校、医学校、折々の「訓示」、それと何よりも自らが率先して手本を示すことで、鷹山は米沢藩の一五万人の領民を、自分が理想とす

使徒
キリストの福音を伝えるために遣わされた者。一般的には、キリストに選ばれ特別の権能を授けられた12人の弟子が「十二使徒」とも呼ばれる。

る人間へと着実に育ててきた。それがいかに成功を収めたかを記した文章がある。当時、著名な学者だった倉成竜渚《くらなりりょうしょ》が「聖賢の政治」をじかに見てみようと、米沢藩を訪れた時のものである。次に挙げる短い記述からもそれがうかがい知れるだろう。

米沢には、「棒杭《ぼうくい》の商い」というものがある。人里から離れた道のかたわらに、草履、わらじ、果物のほか、いろいろな品に正札を貼って並べてあるが、売り主は見あたらない。領民はそこへ行って正札どおりの金を置き、品物を買って立ち去るのだ。だれもこの売り場で盗難を働く者などいないと信じているのだ。

鷹山の役所では、だいたい上役の方が一番貧乏だ。筆頭家老《ひっとうかろう》の莅戸《のぞき》九郎兵衛は、藩主の愛顧と信頼を得ていることにかけては誰にもひけをとらない。けれども、その暮らしぶりを見ると、衣食は苦学生と変わらない。

藩内には税関所がないだけでなく、藩を越境する際のあらゆる障壁というものがない。それでいて密輸が企てられたことはまったくない。

どうか、こうした事柄が、遠い昔のおとぎ話に出てくるのどかな国の話だと思

倉成竜渚
1748～1813年
江戸時代中期・後期の儒者。豊前宇佐郡（大分県）で藤田敬所に学び、のち中津藩の儒者となって藩校進脩館の教授をつとめた。著作は「周易守翼」「儀礼綱」など。

家老
大名の重臣で家務を総轄する者。江戸時代には制度上の職名となった。

莅戸九郎兵衛
1735～1803年
江戸中期の米沢藩の重臣莅戸善政。通称を九郎兵衛、また太華や好古堂と号した。

わないでいただきたい。ここに描いている世界は、今からまだ百年と経っていない時に、この地球上のよく知られた場所で営まれていたことなのだ。もちろん、この名君がいた時代と今とでは世の中はだいぶ変わっている。それでも、当時、実行されていたことは後世に大きく影響を与えている。まさに、この米沢の地と、そして住民の間に、今でもはっきりと読み取ることができるのだ。

⑥ 鷹山の人となり

最近は、どんなに立派な人間も、単なる「アダムの子孫」であり、それ以上に描くことは流行《はや》らないようだ。とりわけ「神の恵みと啓示の外」にある非キリスト教徒の日本人の間では、そうした描写は時代遅れと非難されている。いくら我が国の英雄とはいえ、神に祀り上げているのはいかがなものか、という具合だ。

しかし、あらゆる人びとの中でも、鷹山ほど欠点や弱点を挙げようとしても難しい人物はいない。鷹山自身が、彼の伝記を記したどの作者よりも欠点を自覚していたからだ。もちろん鷹山もまた、一人の人間に過ぎなかった。弱い人間だったからこそ、藩主になる時、誓詞《せいし》を神に献上したのだ。

鷹山は自分や藩に難題が襲いかかると、必ず鎮守の神の元に向かった。それは、あえて言うなら、鷹山の弱さのせいだったといえるだろう。鷹山が江戸屋敷にいた頃のことだ。ある日、藩の中でも忠孝な家臣を選んで、褒美《ほうび》を与えるための名簿が記された文書が届いた。最後に藩主が閲覧して、承認をする手はずだった。鷹山は目を通すと、師の講義が終わるまで文箱にしまっておくよう命じた。講義は終わったが、鷹山はその大事な用件をうっかり忘れてしまっていた。そのことで鷹山は、近臣の一人から「千乗の君《せんじょうのきみ》」にあるまじき不注意と、厳しく諫められた。鷹山は深く恥じ入り、良心の呵責《かしゃく》にさいなまれた。そして涙しながらその場に正座したまま夜を明かした。

「恥ずかしさのあまり、朝食に手をつけることさえできなかった」

鷹山はこの時のことをそう語っている。翌朝、師が招かれた。師は『論語』の一説を引用して、過失を許した。こうして、かろうじて「食事がのどを通った」という。鷹山とはそれほど感受性の強い人だった。そんな彼について、後世の私たちがあまり厳しく批評するのは差し控えたいものだ。

こうした鷹山の陰日向《かげひなた》ない、高潔な心がいちばんよく表れているのは、自らの

千乗の君
千乗は兵車千台を意味し、大きな兵力を保持する大国の君主を指す。

『論語』
四書（『大学』『中庸』『論語』『孟子』）の一つで、孔子の言行や弟子たちとの問答などを収録した書。

家や家族との接し方だ。家庭でどんなに倹約していたかについては、すでに触れた通りだ。晩年には米沢藩の財政上の信用は完全に回復しており、その気になれば贅沢することもできたはずだ。けれども鷹山は、木綿の着物と質素な食事を一生貫き通した。古い畳は、もう修繕がきかなくなるまで取り替えず、破れた畳に自分で紙をあてがっている姿がたびたび見かけられたほどだ。

鷹山が家庭をどう見ていたかといえば、それは当然、高尚なものだった。聖人が言う「修身斉家治国平天下《しゅうしんせいかちこくへいてんか》」、すなわち、「自己を修めることができて初めて家を治め、家を整えることができて初めて国を統治できる」という言葉を、文字通り実践していた。

例えば、この当時は、側室《そくしつ》を置くことを誰もが当たり前と考えていた時代だった。特に鷹山のような身分の高い人間が側室を持つ権利は、だれも疑いを差し挟まなかった。大名ともなれば、たいてい四、五人は側室を抱えていた時代に、鷹山は一〇歳年上の側室を一人しか持たなかった。

しかもそれには特別な事情があった。鷹山は成人する前、当時の日本の慣習に従い、両親が決めた相手と結婚した。その女性は、先天的な知的障害があり、知力は一〇歳の子供にも満たなかった。ところが鷹山は、心から愛情と敬意を込めてこの女性に向き合った。遊び道具や人形を作ってやったり、あらゆる手を尽くしたりして彼女を慰めた。鷹山は、二〇年にわたる婚姻生活を通じて、自分の境遇に少しも不満を抱かなかった。二人はもっぱら江戸で暮らしたけれども、側室は米沢に留め置かれた。障害を持つ妻に並ぶ地位を許さなかったのだ。もちろん妻との間には子供をもうけることはできなかった。

当然のことながら、鷹山はやさしい父だった。そして、教育にはとりわけ熱心だった。世襲《せしゅうせい》制の封建時代は、民が将来安らかに過ごせるかどうかは、藩主がどんな後継者を残すかにかかっていた。鷹山はその責任の重さをよくわきまえていた。彼は子供たちに「大きな使命を忘れ、自分の欲得の犠牲になる者を出さないため」に「貧しい人々を思いやる」気持ちを養った。鷹山が子供をどう育てたかを垣間見る《かいまみ》ことができる手紙を一通紹介しよう。鷹山は孫娘たちにすばらしい手紙をたくさん書いている。これは、一番年上の孫娘が江戸で暮らすために、米沢の屋敷を出て行く際に、彼がしたためたものだ。

人は三つの恩を受けて成長する。親と、師と、君だ。それぞれに恩の深さは計り知れないものだが、とりわけ他にまさるのが、親の恩だ。

やさしい父
側室であるお豊との間に生まれた子供との関係性を指す。

この世に生を受けたのは親のお陰である。その身体は親の一部であることを決して忘れてはならない。だから、親に仕える時は、曇りのない心で振る舞うように。もしも過ちを犯しても、真心さえあれば、大きな過ちにはならない。知恵が足りないとあきらめる必要もない。そのぶん、真心が補ってくれるだろう。

所領を治めることは、とてもその身に及ばないと思えるかもしれない。しかし、領内をよく治める元になるのは、よく整った家にあると思いなさい。そしてこのよく整った家とは、妻が夫に対してきちんと接しているかどうかにかかっている。水源が濁っている川から、どうして清流を期待できるだろうか。

若い女性であるならば、着物のことに心を奪われやすいのは当然だ。しかし、倹約の習慣を教え込まれてきたことを忘れてはならない。養蚕をはじめとする女性の仕事に励みなさい。同時にまた、和歌や歌書に親しんで心を磨くと良い。文化や教養は、それを追求することだけが目的ではない。すべての学問が目指すものは、徳を修めることに他ならない。だから、善いことを奨励し、悪いことを避ける学問を選んで学びなさい。和歌は心を慰めてくれるもの。それによって、月や花が人の心の糧となり、感情を豊かにしてくれる。

汝《なんじ》の夫は父として領民を導き、汝は母として民を慈しみなさい。そのとき民は汝らを親として敬うだろう。これに勝る喜びがあるだろうか。夫の両親には、くれぐれも孝養を尽くし、大事にすること。主であり、夫である人に真心を込めて従えば、繁栄は限りない。私の娘は、その生まれ故郷にふさわしい徳のある女性だと仰がれるようになることを祈っている。

愛娘が江戸へ発つに際して

春を得て　花すり衣　重ぬとも　わが故郷の　寒さ忘るな

治憲

勤勉で質素を心がけた鷹山は七〇年におよぶ健やかな生涯を送った。若き日の望みはほとんどかなえることができた。藩は安定し、民は安らかに暮らし、領内のすべてが豊かさで満たされていた。藩総出でもたった五両の金さえ工面できなかったのに、今や一声かければ一万両はたやすく集まるようになったのだ。こんな偉業を成し遂げた人物の最後が、安らかでないはずもない。文政五（一八二二）年三月一九日、鷹山は最後の息を引き取った。

春を得て～
「春が訪れ、花の衣装を身にまとう季節になっても、故郷で過ごした冬の寒さを忘れないでいなさい」の意。

「民は、自分の祖父母を失ったように泣いた。あらゆる身分の人々が悲しみに暮れている様子はとても書き表せない。葬儀の日には、何万人もの会葬者《かいそうしゃ》が沿道にあふれた。合掌し、頭を垂れ、深く嘆き悲しむ声が誰からも漏れ聞こえた。山《さん》川草木《せんそうもく》もこれに和した」

そう伝えられている。

第2章　上杉鷹山——封建領主

◇あなたは上杉鷹山の徳・信念をどう読み解きますか？

第3章

二宮尊徳

——農民聖人

【二宮尊徳（にのみや　そんとく）】
1787〜1856年　江戸後期の農政家。通称　金次郎。合理的で豊富な農業知識を持って知られ、小田原藩、相馬藩、日光神領などの復興にあたった。陰徳・勤倹を説く思想と行動は報徳社運動などを通じて死後も影響を与え、明治以降、国定教科書や唱歌などにも取り上げられ、全国各地の小中学校に銅像が設置された。

1　一九世紀初めの農業の現状

「農業こそ国の土台」と、しばしば言われる。これはまさに日本という国に、ぴったり当てはまる言葉だ。海に囲まれ、海運など貿易に有利な面もあるだろう。だが、なんと言っても人々の生活の糧《かて》は土から得ている。

といっても自然の生産力だけでは、これほど多くの人口を養うことはできない。なにしろ三八万平方キロメートルほどの狭い国土に、四八〇〇万人が住んでいるのだ。しかも耕作できる土地は、国土の二割しかない。この限られた土地から最大限の恵みを得るには、精一杯知恵を絞って、ひたすら額に汗するしかない。その点で日本の農業は、世界でも際立っていると思う。

土塊《つちくれ》の一つひとつにいたるまで心を込め、そこから芽吹く一つひとつに気配りと世話がなされ、まるで、親が子に愛情を注ぐようだ。科学的な知識がなくとも、たゆまない勤勉さでそれを補ってきた。そうして五万平方キロメートル以上もの耕作地を得て、楽園ともいえるほどきちんと整った状態にあるのだ。

こうした高度な農業を営んでいけるのも、人々の並大抵でない努力のお陰だ。ちょっとでも怠ければ、情けない荒れ地に容赦なく戻ってしまう。かつては耕地だったところが、人の手が入ることなくうち捨てられている光景ほど心を痛めるものはない。

ここに一〇人いたとしよう。手つかずの原野を開墾することにみな熱意を抱くにちがいない。けれども、放棄された荒れ地を元に戻そうとする者など一人としていないはずだ。あのアメリカ大陸には、三〇カ国以上から新天地を開拓しようと人々がやってきた。それに引き替え、バビロンの地は見捨てられ、フクロウと

バビロンの地
古代バビロニアおよび新バビロニア（カルデア朝）の首都として繁栄した古代都市。現在のイラク共和国の首都バグダード南方約110キロメートルのユーフラテス川河畔に遺跡がある。

サソリの巣がはびこったままだ。

一九世紀の初め、日本の農業は「嘆かわしい」の一言に尽きた。二〇〇年もの太平の世を経て、身分を問わず誰もがすっかり贅沢《ぜいたく》になった。そして無駄遣いを何とも思わず、怠け癖がはびこり始めた。そうなると真っ先に悪い影響が出るところといえば農地である。耕作地の多くで、土地から上がる収益が三分の二に落ち込んだ。かつて実り豊かだった土地には、アザミやイバラがはびこり、残された土地で年貢をまかなわなければならなかった。村という村が荒れ果てる始末だ。

勤勉に働くのがばかばかしく思えるようになり、身を持ち崩す者もいた。せっかくの慈愛あふれる大地から、豊かな恵みを得ることを放棄してしまったのだ。見込みのない暮らしをかろうじて支えるために、お互いごまかし合ったり、だまし合ったりして、わずかの必需品を得ようとした。こうした情けない振る舞いはすべて、道徳のかけらもないことから生じていた。「自然」はこの恥知らずな子どもたちに報酬を与えようとはせず、あらゆる災害が土地にふりかかるよう仕向けた。だがこの時、「自然」の法則と志を同じくする一人の人物が生まれた。

2 少年の頃

二宮金次郎は、天明七（一七八七）年に生まれた。のちに尊徳、「徳のある尊い人物」と呼ばれている。産まれた場所は、相模の国のちっぽけな村だ。父はごく貧しい農夫だったが、思いやりに充ち、隣近所に情けをかける人物として評判だった。

一六歳の時、尊徳は二人の弟とともに親を亡くした。親族が相談をした結果、気の毒だが兄弟は別れ別れに暮らすことが決まった。長男の尊徳は、父方の伯父の世話になった。なるべく伯父のやっかいにならないよう、この若者は懸命に働いた。情けないけれど、一人前の大人には及ばなかった。それでも彼は、昼間終えきれなかった仕事を夜遅くまでかかってやり終えるようにした。

その頃、尊徳の胸にある思いが宿った。学のない、字の読めない人間になりたくはない。いにしえの賢者たちの教えを、読めないではないか。そこで彼はどうにかして孔子の『大学』を手に入れた。そして一日の仕事を全部終えた深夜、こつこつと古典をひもといた。だが、程なく伯父の知るところとなった。自分（伯

孔子
前551年頃〜前479年　中国春秋時代の学者・思想家儒教の開祖。

『大学』
中国の儒教経典で、図書の1つとして重要な経書。

父のこと）のためにも、また尊徳にも何の役にも立たない学問のために、貴重な油を費やすとはどういう了見か。尊徳は、伯父からきつく叱られた。伯父が怒るのも、もっともだと彼は思った。それならば、自分の油を灯せるようになるまで書物を読むのはお預けにしよう。そう、尊徳は決心した。

次の年の春、彼は川のほとりの誰のものでもないわずかばかりの土地を開墾《かいこん》し、菜種《なたね》を蒔いた。休みになると決まって、ここへやってきて、自分の作物を育てることに精を出した。一年が過ぎようとする頃、大きな袋いっぱいの菜種を収穫することができた。それは自分自身で手に入れた成果であり、勤勉に働いた褒《ほう》美《び》として、「自然」からいただいたものだった。

尊徳はこの菜種の袋を近くの油屋へ持って行き、数升《すうしょう》の油と交換してもらった。これで伯父の油を使わないで、また書物が読める。そう思うと、尊徳はうれしくなった。得意満面《とくいまんめん》で、深夜の学問を再開した。こんなに粘り強く努力したのだから、伯父ももしかしたら褒めてくれるのではないか。そんな期待もなかったわけではないが、実際はとんでもなかった。いくらおまえの時間とはいえ、ここでやっかいになっている以上、私に仕える時間でもある。読書など、何の足しにもならないことをさせておく余裕などない。またしても伯父は尊徳をそう言って叱った。尊徳もまた、伯父の言うことは筋が通っていると納得した。彼は言いつけ通りに、田畑で一日きつい仕事をし終えると、今度はむしろやわらじを編む作業をするようになった。それ以来、尊徳は野山の行き帰りに書物を手にした。家で燃やす薪《たきぎ》や柴《しば》を採りに、野山へ毎日通わされていたので、その時間を使うことにしたのだ。

休みの日は自分のものだ。けれども尊徳は遊んで無駄に過ごすような人間ではなかった。彼は、菜種を育てるという試みを通じて、まじめに働くことは価値があるのだと学ぶことができた。その体験が、もう一回り大きな試みへと彼を駆り立てた。村を見渡せば、先頃の水害で沼地と化してしまったところがあった。休みの日を有意義に使う格好の場所になりそうだと彼は考えた。水を汲み出し、底をならし、わずかばかりの広さの田んぼ作りの準備をした。そこへ、農民たちが捨てていた余りものの稲の苗を集めてきて植え、夏の間せっせと世話をした。

一俵の袋をまるまる満たす黄金色の実りを、その年の秋が尊徳にもたらした。この親を亡くした少年の喜びようは、想像に難くない。つつましい努力の報いとして、生まれて初めて自らの力で収穫を得たのだから。その秋の収穫は、以降の充実した人生へと踏み出す元手となった。

尊徳は、本当に独立心の強い人だった。それに加え、自然はまじめに働く者にはきちんと報いてくれることを学んだ。のちに彼が行った改革の根底には、ある明快な信条が息づいていた。

「自然は、その法に従う者に豊かな恵みで返礼してくれる」

数年の後、尊徳は伯父の家を去った。その日が来るまで、彼はうち捨てられた田んぼを見つけては改良を重ね、稲を育て続けた。そうして収穫できたわずかばかりの米を携えて、長い間、空き家になっていた親の家に戻っていった。

忍耐強さ、勤勉さ、そして信念。尊徳はこれらをもとに、うらぶれた我が家を整え、荒れ果てた耕地をまた豊かに変えようと決心した。そうした取り組みを邪魔するものは、もう何もなかった。山の斜面、河岸、道ばた、沼地といった不毛の土地も、尊徳の手にかかれば、豊かな実りと富を与えるものに変わっていった。何年もたたないうちに、尊徳はかなり裕福になった。けれども倹約ぶりや勤勉さは、相変わらず模範的だった。その姿に接した村中の人々からも、敬われるようになっていった。

尊徳はここまで、何事も自分自身で克服してきた。今度は、同じように困難を克服しようとする人々に喜んで手助けをしていく立場となっていった。

3

手腕が試される試練

尊徳の名声は日増しに高まっていった。ついに小田原藩主、大久保忠真《ただまさ》も認めるところとなった。当時、大久保公は江戸幕府の老中職を務めており、全国に居並ぶ者のない影響力を持っていた。彼は、尊徳ほどの人材を村の暮らしに埋もれさせたままにしてはいけないと切に思った。

だが、当時の世の中は身分制度が厳しく、一介の農民を影響力のある地位に抜擢するのは難しかった。社会の慣例を打ち破ろうとすれば、必ず抗議の声が世間からわき起こる。それを黙らせるだけの、並外れた手腕が尊徳にはあることを証明させなくてはならない。そのため、彼には、誰もがしりごみするような任務が課された。それは、不屈の忍耐力を備える尊徳こそふさわしい難題だった。

小田原藩は、下野《しもつけ》の国にも領地を持っていて、そこに物井《ものい》、横田《よこた》、東沼《ひがしぬま》という村があった。いずれも代々にわたって放置されていたため、すさまじく荒れていた。

かつて三つの村には四五〇軒の世帯があり、米四千俵を年貢《ねんぐ》として納めてい

大久保忠真
1781～1837年
江戸後期の老中、小田原藩主。藩政としては人材登用、武芸奨励、藩校集成館創設、国産方設置などの改革を実施した。

下野の国
現在の栃木県全域にあたる旧国名。

た。ところが今や田畑は自然が荒れ狂い、民家は狸や狐が棲むありさまだった。人口は以前の三分の二にまで減り、貧しい農民から納めさせることができる年貢は、せいぜい八〇〇俵がいいところだった。

　貧困は道徳の荒廃を招いた。かつてつつましく暮らしていた村々が、今では賭《と》博《ばく》の巣窟《そうくつ》となり果てていた。もちろん何度か村を立て直そうという試みがなされた。けれども、村人自身が常習的な怠け者だったり、こそ泥を働いたりするものだから、どんなに資金を援助しても、役人を派遣しても無駄だった。おそらく、気が短い藩主だったら、村人全員を立ち退かせたことだろう。そしてもっと道徳心のある新しい働き手をよそから連れきたことだろう。そうすれば、怠け者が荒れるに任せていた田畑をよみがえらせたに違いない。

　だが、何の役にも立たないこの三つの村が、小田原藩主のもくろみにぴったりと一致した。この三村を元のように富み栄えた状態へ立ち直らせる者が現れたとしよう。きっとその人物は、領内のさびれた村すべての立て直しを任せられるに違いない。実際、そのような村が当時は全国にあった。しかも、これまで前任者たちがどんな策を講じてもだめな村ばかりだった。うまく成し遂げた人物なら、正当な指導者として誰もが認めるだろう。特権階級から横やりを入れられることもなく、全幅の権限を与えられる。藩主はそのように考え、尊徳を説得して役目を引き受けてもらおうとしたのだった。

光栄な申し出ではあったけれども、尊徳はこれを辞退した。身分が低いこともあるし、自分にそのような公の事業を取り仕切るだけの力がないという理由からだった。あくまでも土を相手にする農民に過ぎず、死ぬまでに成し遂げたい一番大きな望みといえば、家産を再興することだ。それすら自力ではなく、先祖から受け継いだ余徳によってなされるものと考えていた。

三年もの長い間、藩主は、この領民に協力を要請し続けた。尊徳もまた謙虚な姿勢を崩さず、藁葺《わらぶ》き屋根のもとでひっそりと暮らさせてほしいと言い続けた。

しかし尊敬する藩主にここまで頼み込まれて、これ以上断るわけにはいかない。そう考えた尊徳は、立て直しを任されることになる三つの村を詳しく調べさせてほしいと願い出た。

尊徳は三村まで二〇〇キロメートルほどの道程を、徒歩で出向いた。そして村人たちと数カ月間を過ごした。一軒一軒を訪ねては、人々の暮らしぶりを注意深く観察した。土質、田畑の荒れ具合、排水、灌漑に利用できそうな設備なども事《こと》細《こま》かに調べた。こうして、この荒れ果てた地域を立て直す方策を立てるにあたって、充分な情報を集めた。

藩主への報告書は、かなりがっかりさせる内容だった。けれども見込みがまったくないわけではない。報告書の中で、尊徳はこう述べている。

「仁術《じんじゅつ》さえ施せば、この貧しい村の人々に平和で豊かな暮らしを取り戻させることができるはずです。補助金を与えたり、年貢を免除したりしても、苦しんでいる人々を救うのに何の役にも立ちません。それどころか、金銭援助を一切しないことこそ、救済の手立ての一つとなります。こうした支援をしても、強欲や怠け心を助長するばかりで、かえって村人の間にいさかいを起こす種になります。

荒れ地は、荒れ地そのものが本来持っている力で切り開くものです。貧困も、自力で立ち直らせなくてはいけません。ですから、殿には、人々が飢え苦しむこの地域からは相応の年貢でよしとし、それ以上は望まないでいただきたいのです。この村の一反の田から二俵の米が採れるとすれば、一俵は村人が生きていくため、もう一俵は荒れ地を開墾するための原資とすべきです。かつて神代《かみよ》の時代、このやり方によってのみ、私たちの実り豊かな日本が開かれました。最初はどこも荒れ地でした。外から何の援助もなく、自分自身の努力によって豊かに

仁術
儒教の最高の徳である仁(他人に対する思いやりの心)を行う方法。

なっていきました。土地そのものに宿る資源を活用し、今日、見られるような田畑、庭、道路、町村が築かれていったのです。
仁愛、勤勉、自助、こうした徳を徹底して励行することで初めて、村には希望の灯がともるでしょう。誠心誠意、忍耐強く仕事に励むなら、この日から一〇年後には、昔の繁栄を回復できるだろうと考えられます」

なんとも大胆で筋が通っており、しかも経費がかからない計画を尊徳は提示した。さすがにこれには、反論する者はほとんどいなかった。道徳の力を柱にして再建計画を推し進めようというのだ。このような提案がかつて出されたことはない。この計画の本質は、「信仰」を経済に適用するという試みである。尊徳には、清教徒にも似た気質が少なからずあったようだ。あるいは、むしろこう言えるだろう。西洋から入ってきた「最大多数の最大幸福」という思想にまだ毒されていない、生粋の日本人だった、と。また尊徳には、彼が言うことを信じてくれる人々もいた。この徳に満ちた藩主が、まさにそうだった。それにひきかえ、「文明」が、たかだかこの一〇〇年の間に、私たちをなんと変えてしまったことか。

ほどなく、この計画案は採用された。私たちの農民道徳家、二宮尊徳は、この

清教徒
16世紀後半、イギリス国教会の宗教改革をさらに徹底させようとした国教会内の一派およびその流れをくむプロテスタント各派の総称で、ピューリタン革命の推進母胎となった。

三つの村の実質的な村長を十年間務めることになった。ただ、先祖代々の土地を復興する務めを道半ばで中断していかなくてはならず、そのことが心残りだった。誠実一筋の性格だった彼からすれば、どんな事業も精魂《せいこん》込めて取り組まなくては罪となる。公の仕事に着手したからには、もう私事は少しでも顧みてはならない。

「自分の家をなげうってこそ、千軒の家を救うことができる」

尊徳は自らにそう言い聞かせた。そして共に抱いていた希望を断念することを妻に言い、同意を得た。それから先祖の墓前で、声を出して決意のほどを報告した。家を処分し、別世界に旅立つ身のように、まさに「背後の船を焼き払って」故郷の村を後にした。そして主君と村人に対して、大胆にも請け負ってしまった任務に着手することになった。

尊徳がどのように荒廃した土地や人心と戦ったかは、ここでは詳しく触れる必要はないだろう。尊徳には、駆け引きやはかりごとといったものは一切なかった。「誠意は天地をも動かす」という一途な思いがあるのみだった。

贅沢な食事はとらず、木綿以外身につけることはなかった。村人の家で接待を受けることもなかった。一日の睡眠はわずか二時間で、畑には部下の誰よりも早く出かけ、最後まで残った。こうして尊徳は、村人にふりかかったもっと過酷な試練を自らも共にして、堪え忍んだ。

尊徳は、自分自身を評価する時と同じ基準で、村人たちを評価した。それは、動機が誠実であるかどうかということだった。尊徳から見れば、最良の働き手とは、いちばんたくさん仕事をする者ではない。いちばん高潔な動機で働く者が最良なのだ。

ある時、一人の男が尊徳の元に推挙された。人の三倍働き、しかもとても愛想がいいという触れ込みだった。だが、こうした推薦の言葉をいくら並べられても、尊徳はしばらく気にもとめなかった。それでも、この愛想がいい男に報いてやるべきだとまわりからせき立てられ、その男を面前に呼ぶことにした。そして、ほかの役人の前で行ったのと同じ働きぶりを、自分の前でやって見せてほしいと尊徳は言った。だが実際のところ、それだけの働きができるわけがなく、男はその場で白状するしかなかった。見回りの役人が見ている時だけ、三人前の働きをしているふうに装っていただけだったのだ。男はそんなよこしまな性根の持ち主だった。尊徳は、人一人がどのくらい仕事がこなせるか、経験から熟知していた。だから、このような評判にだまされるわけがなかった。男は罰を受け、嘘《うそ》偽《いつわ》りをきびしく咎《とが》められた上で畑へ送り返された。

また、働き手の中に年老いて一人前の仕事はほとんどできない男がいた。彼は終始、切り株を取り除く仕事をしていた。その作業は、骨が折れるうえに、地味な仕事だった。しかしこの男は、その役目をありがたく引き受け、ほかの人びとが一休みしている時も、その手を止めることはなかった。村人たちはこの男を「根っこ掘り」と呼び、ほとんど見向きもしなかった。

ある賃金の支払日、いつものように働き手一人ひとりの手柄や分担に応じて評価が申し渡された時のことだ。一番高い評価で報いられる者として名前が挙がったのは、ほかでもない、この「根っこ掘り」老人だった。意外な評価にみんなが驚いたが、一番驚いたのは当の本人だった。金一五両（七五ドル）もの大金を、いつもの労賃とは別に下されるというのだ。一日の稼ぎがわずか二〇セントの時代だから、これは大変な額だ。

「恐れながら、私はご覧のように年寄りです。一人前の賃金をいただく値打ちもありません。農作業は、他の人たちに大きく遅れをとっております。これは、何か勘違いをなさっているにちがいありません。私の良心にかけて、このお金をいただくわけにはまいりません」

尊徳は落ち着き払って、こう答えた。

「いいえ。そうではありませんよ。あなたは誰もやりたがらない仕事を、この村のために一心にやってくれます。切り株を取り除いてくれるおかげで、邪魔なものが片付き、他の人は大変仕事がしやすくなるのです。あなたのような人に報いなくて、この先どうやって仕事を続けられるでしょうか。これはあなたの誠実さに報いるための、天からの贈り物です。どうぞありがたく受け取って、老後を安心して暮らせるための足しにしてください。あなたのような誠実な人がいることを知り、私も嬉しく思います」

老人は子供のように大泣きし、「袖《そで》を涙で濡らして絞らなくてはいけないほど」だったという。これには、村じゅうが感銘を受けた。

もちろん尊徳に反対する考えも、少なからずあった。けれども彼は「仁術」によって、こうした反対意見を取り除いていった。小田原藩主がよこしてきた人物に、自分と、自分のやり方に折り合いをつけてもらえるようになるのに、三年を要した。その間、尊徳は忍耐と自制とに努めた。

村人の中に、手に負えない怠け者が一人いた。尊徳が立てた計画に、ともかく猛反対するのだ。その男の住まいは、今にも倒壊しそうなほどボロボロだった。

自分がこんなに貧しいのも、今の村長である尊徳のやり方がまずい。このありさまがその証拠だと、近所の連中にくどくどと言い回っていた。

ある時、尊徳の家の者がこの男の便所を借りようとした。長年放ったらかしでひどく傷んでいたその建屋は、ちょっと触っただけで倒れてしまった。男の怒りはとどまるところを知らない。棒切れをもって出てくると、ひたすら謝る相手を一度、二度と打ちすえた。さらに追いかけ回し、とうとう尊徳の家まで追ってきた。そして門の前に立って、周りに集まってきた大勢の村人に聞こえよがしに言い放った。自分はどれほど大損害を被ったか、こんな指導者では村に安定や秩序をもたらせるわけがない、と。

尊徳は男を呼び入れると、穏《おだ》やかな態度でまずは家の者の過失を丁重に詫びた。そしてこう尋ねた。

「便所がそれほど壊れやすいなら、母屋もよい状態ではないでしょう」

男はぶっきらぼうに答えた。

「知っての通りの貧乏人だ。家の修繕などできるわけがないだろうが」

「では、人をやって代わりに修繕させましょう。よろしゅうございますな」

男はあっけにとられた。そうして、なんとも決まり悪くなった。

「それほどまでのご親切、どうしてお断りできましょう。身にあまるお情けでございます」

男はすぐさま家に帰り、古屋を取り壊し、新しい家屋を建てられるよう地ならしをするよう言いつけられた。翌朝、尊徳の家の者たちが新しい資材を持って現れた。それから数週間のうちに、この辺りでも相当見栄《みば》えのいい家が完成した。便所も、触ったくらいで倒れることがないよう修理が施された。

こうして村一番の厄介者が降参した。男はそれ以来、尊徳に誰よりも忠節《ちゅうせつ》を尽くした。あの時は本当に赤面したと、のちに語るたび、目に涙があふれていたという。

さて、ある時のことだ。村人の間に不満が広がっていった。尊徳の「仁術」をもってしても抑えられなくなってしまった。こうなったのは、すべて自分に非があると、この指導者は考えた。

「誠意が足りないせいで、天が罰しておられるのだ」

そうして突然、尊徳は姿を見せなくなった。村人たちはみな、彼の消息を案じた。それから数日後、どうやら尊徳は遠くの寺まで祈願に行っているとわかった。寺で祈りを捧げながら、じっくりと考えてみようと尊徳は思ったのだ。しかし何よりもまず、二一日間におよぶ断食《だんじき》を行うことが目的だった。断食を通じて、村人を教え導く上での誠意がもっと身につくのではないかという思いが、彼をそうさせたのだ。

さっそく、村から人が遣わされた。どうか一刻《いっこく》も早く帰ってきていただきたい、と。尊徳がいなくなった村は、混乱状態に陥っていた。彼がいることで村が成り立っていたことを、みんなが身にしみて理解したのである。断食を終えた尊徳は、軽い食事を取って体力を養った。三週間の断食が明けた次の日には、もう村まで四〇キロの道のりを歩いて帰った。村人が非を悔いていると知り、道々嬉しい思いをかみしめながら帰っていったという。この人物は、心身共に鋼《はがね》の頑強さを持っていたといえるだろう。

こうして、数年にわたる不断の努力、倹約、とりわけ「仁術」のおかげで三村の荒れ地はほぼなくなった。生産量もまずまずのところまで回復してきた。尊徳は、他の地方から移り住んでくれる人を募集した。

「新しくやってきた人は、わが子よりも親切にしなくてはいけない」

そう言って尊徳は、もともと住んでいる村人以上に気配りした。

尊徳にとって、完全に復興したかどうかは土地が豊かになることだけではなかった。どんな地域でもそうだが、まさかの時に備えて、一〇年分の備蓄が必要だと見ていた。中国の聖賢がこう言っている。

「九年分の備蓄のない国は危ない。三年分の備蓄すらない国は、もはや国とはいえない」

尊徳は、その言葉に文字通り従った。どうやらこの農民聖人からすれば、現在、立派な国家のつもりでいる国のどれもが、もはや国といえないことになるだろう。

ところが、この備蓄が整わないうちに、飢饉が襲った。一八三三年、東北地方全域は大きな災難を被った年となった。尊徳はその夏、ナスを口にして、不作を予言した。秋ナスのような味がしたのだという。それは、明らかに「太陽がその年の光をすでに使い尽くした」というしるしだと語った。彼はただちに、農家一軒につき一反の割合でヒエを蒔くように命じた。これによって米不足を補おうと考えたのだ。

飢饉の対策は指示通りに実行された。次の年、近隣の国はどこも飢饉に見舞われた。にもかかわらず、尊徳の配下にあった三つの村では、一軒も食料不足で苦しむ家はなかった。

「誠実なる人は、出来事すら予言できる」と言われるように、この指導者もまた予言者だったわけだ。

こうして藩主と約束した一〇年が過ぎた。全国でもっとも貧しく、すさんでいた地方が、もっとも整備が行き届いた土地に生まれ変わった。土地の自力という点でも、国内でもっとも実り多い耕作地となった。そしてかつて繁栄していた頃と同じように、この三つの村を合わせて米一万俵を年貢として納められるまでになった。もちろんそれだけではない。穀倉をいくつも建て、その中には蓄えがぎっしりと保存されていた。不作が何年続こうと、食べていけるだけの備えができていたのだ。

さらに、喜ばしいことがあった。尊徳自身にも数千両の蓄えができていた。これは後年、人助けのために惜しみなく使われることになる。

こうして尊徳の名声が遠くまで広まると、諸大名は競って使いをよこした。領内の貧村を再興するための助言を得たいというわけである。

ただ、ただ、誠実さによって、これほど素晴らし成果をもたらした例はかつて聞いたことがない。これは、どんなに単純でちっぽけだったとしても、「天」が味方する人間であるならば、このような大事業を成し遂げられるという証である。尊徳が最初に行った公共事業にもちいた道徳の力は、怠惰に流れていた当時の社会に鮮烈な印象を与えたのだった。

4 個人としての人助け

尊徳がこの国で行った他の公共事業に触れる前に、まず、身近で困っていた人々にさしのべた温かい援助について、いくつか触れることにしよう。

言うまでもなく、尊徳は、自分の力で地位を築いた人物だった。だから、勤勉であり、誠実であれば、誰でも独立自尊《どくりつじそん》に至るという信念があった。

「この世のすべては絶えず活動しています。私たちを取り巻く万物の成長発展は、限りがありません。この永遠の成長発展の法則に従って、休むことさえしなければ、貧困はたとえ望んだとしても訪れはしません」

貧乏にあえいでいたある農民の一団に、彼はそう言い聞かせた。それは、農民たちが領主の悪政に不満がつのり、もう先祖伝来の故郷を立ち去ろうかと考えていた時のことだった。尊徳に教えを求めて、彼らはやってきた。

「皆さん、鍬《くわ》を一丁ずつさしあげましょう。私のやり方通りにきちんとやれば、荒れ地を理想郷に変えられると約束します。借金もすぐに返せ、以前のように豊作に恵まれるようになるでしょう。運を開こうとして、見知らぬ国に行く必要などありませんよ」

この一団は、言われたとおり鍬を一丁ずつ尊徳から受け取った。そして助言に従い、勤勉に働き始めた。すると数年後、失ってしまったものよりもたくさんのものを取り戻すことができたのである。

また、ある時、村人たちの信望をすっかりなくしてしまった村長が、尊徳の知恵を拝借しようと訪れたことがあった。それに対する尊徳の策は、あっけないほど単純だった。

「それは自分本位が強すぎるからです。利己心はけだもののものです。だから利己的な人間は、けだものの仲間なのです。村人に対する威信を取り戻したければ、自分自身と自分の持ち物一切を村人に与えるしかありません」

「それには、どうすればよいのでしょうか」

村長は尊徳に尋ねた。

「持っている土地、家屋、衣類など全財産を売り、その金を残らず村の財産とすることと。自分のすべてを村人に捧げるのです」

しかし、ここまで極端なやり方となると、ふつうの人間なら、おいそれと応じるわけにはいかないものだ。村長は決心するまで数日の猶予《ゆうよ》が欲しいと願い出た。そして彼は、自分の払う犠牲があまりにも大きすぎて、とてもできないと打ち明けた。尊徳はこう諭した。

「きっと、自分の家族を路頭《ろとう》に迷わすではないかと心配しておられるのでしょう。でも考えてごらんなさい。あなたが務めを果たそうとされるように、私も自分の務めを果たすべきだと心得ています。それが、あなたから相談を受けた私の役目です。だから本当のことを言ったのです。おわかりになりますか」

村長は帰っていった。そして教え通りに実行した。すると彼の影響力も、名声も、すぐに回復した。しばらくは、尊徳が自分の蓄えから必要なものを援助していた。けれども、やがて村が一丸となって村長を支えるようになっていった。そして、村はわずかの間に、以前よりも裕福になった。

また、藤沢に、ある米商人がいた。この男は、凶作の年に穀物を高値で売って、かなりの財産を築いた。ところが災いが相次いで家に降り注ぎ、破産しそうになっていた。

男の親戚筋《しんせきすじ》の一人が、尊徳と親しい間柄だった。そのつてで、男が失った財産を取り戻すにはどうしたらよいか教えてほしいと持ちかけられた。尊徳は、自分の利益しか頭にない人間の相談など、いつも気が乗らなかった。だが、何度も頼まれ、とうとう相談に乗ることにした。

尊徳は、この米商人と会って、その人となりを観察した。すぐに、不幸の原因が一つあることがわかった。

「残っている財産をぜんぶ人に施し、裸一貫で出直すこと。これが解決策です」

そう、尊徳は言った。尊徳の目からすると、悪銭は財産とはいえない。自然の正しい法則に従って、自然から直接得たものだけが、自分のものとなる。その男の財産がなくなったのは、もともと自分のものではなかったのだ。残りの財産も、「汚れた」ものであるから、そのようなものはないほうがいい。

強欲をこんな処方箋《しょほうせん》で徹底的に矯正するには、当面、痛みを伴う努力をしなくてはならない。それでも、いわば道徳治療医としての尊徳の評判はすこぶる高い。尊徳が言うのなら、有効性は疑いない。男も、その助言に従うことにした。むしろ、男の友人や親戚が驚いた。いや、もうびっくり仰天したといえるだろう。

米商人は残っていた全財産の七〇〇両を、町の人々に分け与えた。そして自分は船頭になって、出直した。若い頃に覚えた仕事の中でも、たった一つこれだけが「裸一貫《はだかいっかん》」で始められる仕事だったからだ。

男の決断によって、本人はもとより、町の人全体に道徳の影響力のすごさを印象づけたろう。かつて男が強欲のあまり買っていた恨みは、すぐに忘れ去られた。男が落ち目になっていくのをほくそ笑んでいた人々も、今では助けてくれるようになった。

結果的に船の櫂《かい》を握っていたのは、ほんのわずかの期間にすぎなかった。この男に幸運が微笑み始めたのだ。しかも、今度は町の人全員の善意のおかげもあって、以前にもまして裕福になったと聞く。ただ、残念なことに、男は年を取ると共にまた強欲になっていき、晩年は貧乏していたという。そういえば、孔子の『左伝』に、こんなことが書かれていなかっただろうか。

「禍福門なし。ただ人の招くところなり」

尊徳に会うのは、簡単ではなかった。初めての人は、その身分にかかわりなく門前払いとなるのが常だった。「今、忙しいので」という、いかにも東洋的な決まり文句を聞かされるのだ。追い返されてもめげずに通い詰める人だけが、話を聞いてもらえた。来訪者が辛抱しきれず来なくなると、尊徳は「ああ、まだ助けが必要な段階でなかったのだな」と言った。

あるとき、僧侶が一人訪ねてきた。檀家《だんか》を救済するために教えを請おうと、遠方から歩いてやってきたのだ。例によって、最初のうちは素っ気なく断られていた。けれどもこの僧侶は辛抱強い人だった。門前の地べたに法衣《ほうえ》を敷き、そこに三日三晩座り込んだ。苦行や不屈の精神を示せば、話を聞いてみようという気持ちになってくれるはずだと考えたのだ。

ところが尊徳は、「身なりの貧しい僧侶」が門前に居座っていると聞いて激怒した。

「人々の魂のために祈るなり、断食なりすればいいではないか」と言い放ち、すぐに立ち去るよう命じた。

こんな扱いが何度も繰り返された。そうしてようやく僧侶は信頼を得て、尊徳に受け入れてもらえるようになった。以後は、尊徳からいつでも自由に知恵や金銭を与えられただけでなく、親しく交わるようになった。

このように、尊徳と親交を結ぶのは簡単ではなかった。けれども一度親しくなれば、これほどありがたく、また長続きするものもなかった。当然、不実な人間は相手にされなかった。そのような人間は、森羅万象《しんらばんしょう》を司る法則に反していると彼は考えていた。尊徳の力でも、いや誰の力をもってしても、不幸や堕落から救い出すことはできないのだ。

では、そうした人たちはどうすればよいのだろうか。尊徳は、まず彼らを「天の理」に従わせようとした。その後に、人間の援助として、どうしても必要なことを何でも与えた。

「キュウリを植えたのなら、キュウリとは別のものを収穫できると思ってはいけません。人は自分が植えたものを収穫するのです」

「誠実であって初めて、禍を福に変えることができるのです。術策は役に立ちません」

「一人の人間は、宇宙では途方もなく小さな存在です。でも、誠意があれば天地だって動かすことができるのです」

「結果がどうあろうと、やるべきことはやらなくてはいけません」

このようなたくさんの教訓を与え、尊徳は、指導や救済を求めてやってきた人々を苦しみから救った。彼は常に、自然と人間の間に立っていた。そして、道徳を忘れたために、自然からの惜しみない恵みを受ける権利を棚上げされていた人々を、自然へと引き戻した。

今、この国に氾濫している西洋の英知とはいったい何だろうと、疑わずにはいられない。尊徳の時代、日本にはまぎれもない福音が息づいていたのだ。

5 公共事業への取り組み

尊徳の信念によって、下野《しもつけ》の荒れ果てた三つの村が復興されると、その名声は確固としたものとなった。お陰で彼は、全国各地の大名に絶えず煩わされる羽目となった。といっても尊徳は、例の素っ気ない対応のしかたで来訪者を受け流していた。それでも、彼の「信念の試験」に合格する人物も少なからずいた。そうした人たちには相談に乗り、実際に力も貸した。

尊徳の生涯のうち、広大な所領を抱える十人ほどの大名からも頼み事を引き受けた。彼らはみな、荒廃した自藩の立て直しを尊徳に託そうとしたのだった。同じように、尊徳の力を借りた村は数え切れない。

晩年には、幕府にも登用されるほど、国家へ重要な貢献をするようになった。

そんな尊徳だが、本来の使命は地味なものだった。だから、同じ身分の貧しい農民に囲まれている時が、いちばん生き生きしていたようだ。特権階級の公的な、あるいは社会的な煩わしさから解放されるからだった。

尊徳自身は貧しい農民の出で、最低限の教養しか身につけていなかった。だが不思議なことに、「位《くらい》の高い」人々と接する時、「真の貴族」のように振る舞うことができた。

当然ながら、尊徳の領主だった小田原藩主は、尊徳の恩恵をもっとも多く受けた。小田原城下の広大な所領は、尊徳のたゆまぬ勤勉さと、ゆるぎない「仁術」によって復興を果たした。とりわけ一八三六年の大飢饉の折は、尊徳が同藩の人々のためにもっともすぐれた働きをした。数千という人々が餓死寸前だった時、尊徳は当時江戸にいた藩主から特命を受けた。

「大至急、救済に当たるように」

当時は江戸から小田原まで、丸二日かかった。尊徳は国元へ駆けつけた。そして城の穀倉庫《こくそうこ》を開ける鍵を渡すよう、藩の重臣に頼んだ。一刻も早く、飢えた民を救うためだ。すると「殿の直筆の許可状をもっているのなら、鍵を渡そう」と、なんとも横柄な答えが返ってきた。尊徳は、それに応じてこう返した。

一八三六年の大飢饉
江戸時代の代表的飢饉の一つ。1833（天保4）年と35~36年の大凶作を頂点として、7カ年に及んだ冷害型の不作により生じた天保の大飢饉。

「わかりました。ですが、殿の許可状が到着する間にも、飢えた領民がもっとたくさん餓死することでしょう。その事実を受け止めるなら、領民を真摯《しんし》に守るべき役人の私たちも覚悟すべきです。領民が食を絶たれているのと同じように、食を絶たなくてはなりません。この城内で使者が戻るまで断食をするのが、当然の義務だと思いませんか。そうすれば、領民の苦しみがどんなものなのか、少しはわかるでしょう」

四日間も断食するなど、考えるのも嫌だ。役人たちはそう思い、すぐさま鍵を尊徳に渡した。こうして、ただちに救済が施されたのだった。

いつ、いかなる国であろうと、領民を守る立場にある者の誰もが、飢饉が迫った際には尊徳のこの振る舞いを肝に銘じてほしいものだ。どうしても役所は、形式を重んじて無益な手続きにこだわりがちだ。だから苦しんでいる民に、なかなか救済の手をさしのべられない。

尊徳の有名な講話がある。「何の手立ても残されていない時、飢えている民を救うには」というものだ。彼が講話を行ったのは、まさにこの時のことだった。聞き手は、領主から藩政を一任されている国家老《くにがろう》だった。この講話には、講師を務めた尊徳の人となりがよく現れているので、ここに一部を紹介したい。

国家老
江戸時代、大名の領国にいて、主君が参勤交代で江戸にいる間留守を預かった家老。反対に江戸藩邸に勤務した者や江戸詰めの家老は江戸家老と呼ぶ。

国に飢饉がやってきて、倉庫は空となり、民は食べるに事欠く。この責任は、いったい誰にあるのでしょう。それはもちろん、治者《ちしゃ》以外にはありません。治者は天民を託されているのですから。民を悪から遠ざけて善へと導き、末永く平穏に暮らせるようにすることが、その使命ではないのでしょうか。その使命を全うすると期待されているからこそ、高禄《こうろく》を得て、家族を養い、お家は安泰《あんたい》でいられるのです。

ところが今や、領民が飢え苦しんでいても、平然と見過ごされています。これほど嘆かわしいことが天下にあるでしょうか。ここで何らかの救済策を講じることができればよし。しかしそれができない場合、治者は自らの罪を天に謝らなくてはなりません。そして、自ら進んで断食をして死すべきです。続いて、郡奉行や村の代官など配下の人たちも断食して死すべきです。この人たちもまた、本来の務めを怠り、民に死と苦しみをもたらした張本人だからです。

こうした犠牲は、飢えている民に道徳的な影響を与えるものです。それはすぐに明らかになります。領民はきっとこう言うでしょう。

「ご家老様やお奉行様は、私たちを飢えに追いやったとして責任を取られた。攻めを負われることなどいっさいないのに。私たちが飢えているのは、豊作の時に贅沢や浪費をして、まさかの時の備えを怠ったせいだ。私たちはこのご立派なお侍様の悲しい死に責任がある。だから、飢えて死んでいくのも当然なのだ」

こうして飢饉に対する恐れは消え、それと共に餓死することへの恐れも消えることでしょう。すると民の心は安らぎます。恐怖がなくなりさえすれば、じきに食料は行き渡るようになります。富める者は貧しい者に、分け与えるでしょう。そうでない場合は、山へ入って木の葉や根っこを食べて飢えをしのぐでしょう。たった一年の飢饉で国内の米やヒエがすべてなくなってしまうことはありません。また、野山には山菜もあるのです。

民が飢える本当の理由とは、「恐れ」が彼らの心を支配するからです。それは、食物を探し求める気力を萎《な》えさせます。彼らの行き着く先は死です。あたかも、空砲が臆病な鳥を打ち落とすようなものです。何年も凶作に苦しんできた民は、飢餓と聞いただけで驚いて死ぬのです。

ですから、民を治める者が率先して餓死するのなら、飢えの恐怖は民の心から消え去ります。そして心が安らかになって、結果的に救われることになるのです。郡奉行や村の代官までもが犠牲を共にしなかったとしても、結果は望み通りになるはずです。ご家老が犠牲となるだけで十分でしょう。これが、何の手立て

も残されていない時に、飢えている領民を救う方法です

尊徳の講話は終わった。国家老は恥じて恐れ入るばかりだった。そして長い沈黙のあとに、こういった。

「お話には反論のしようもござらん」

この痛烈な皮肉に満ちた講話を、尊徳は真剣に語った。だが、家老の犠牲が実行されるべきとは考えてはいなかった。

大飢饉の際、実際の救済策は、的確に実行された。このわかりやすさこそ、尊徳の仕事の特長といえるものだ。それは、迅速、勤勉、苦しんでいる人への深い同情、そして自然とその慈愛にみちた法則への信頼だ。

困窮している農民に対して、穀物と金銭とが貸し与えられた。条件は、分割で五年以内に収穫物で返すこと。こうした援助を受けた純朴な農民と、援助を行った側の善意に敬意を表し、一言付け加えたい。結果的にこの取り決めは忠実に、自発的に守られた。救われた四万三九〇人の窮民のうち、期限までに返済できなかった農民は、一人もいなかったのである。

大自然と共にある者は、急がない。目先のことだけのために計画を立てること

もない。いわば自然の流れに身をゆだね、流れを助けたり強めたりする。それによって自分が支えられ、前に進まされるのである。いうなれば森羅万象が味方についてくれるのだから、なすべきことの大きさにたじろぐこともない。

尊徳は常々、こう語っていた。

「ものごとはすべて自然の成り行きにゆだねられています。人はその道筋を探し出して、従っていかなくてはなりません。そうすることで、山を平らにすることも、海を干拓することもでき、この大地を人の役に立てられるようになるのです」

ある時、尊徳は幕府から、利根川下流域の大沼干拓《おおぬまかんたく》を実現するための計画を立てて、報告するよう命じられた。この事業が完成したあかつきには、三重の意味で、計り知れない公益がもたらされる。第一に、毒気を放つ浅い沼地が何平方キロもの肥沃《ひよく》な耕作地となる。第二に、洪水の際に放水を行うことで、この一帯が毎年被っていた水害が激減する。第三に、利根川と江戸湾との間に、短いながらも新しい水路が開かれることとなる。

距離にすれば、大沼と江戸湾の間がおよそ一六キロ。さらに大沼の主な二つの地点の間が八キロ。あわせて全長二四キロに渡り、泥や砂地を切り開くことになる。これまで何度も干拓が試みられてきたが、途中で手に負えなくなり、放置されたままになっていた。この事業は、いまだに完成が待たれている。そのためには、スエズ運河を建設したレセップスの日本人版のような、優秀な人物が現れなくてはならない。

この途方もない大事業に関して、尊徳はなんとも意味深長な報告書を提出した。だがその内容は、ある核心を突いていた。それは、同じように大規模な土木工事がどうして頓挫《とんざ》してしまったかという理由を述べたものだった。調査報告書にはこう記されている。

「できるかもしれませんが、無理かもしれません。自然の唯一の道に従えば、実現は可能でしょう。ただ、ほとんどの人はそのような道に従うことを本質的に嫌がるものです。だから結局無理なのです。

この運河が通る予定の地域は、民の風紀が乱れています。まずはその点を『仁術』によって矯正《きょうせい》する必要があります。こうした大事業を始めるに際しては、絶対に必要な準備だといえるでしょう。今のような状態で民にお金を使えば、悪い影響をもたらすばかりです。当然、事業もはかどらないでしょう。

この事業の性質を見てみると、金、権威、どちらを投入してもほとんど何の成

スエズ運河
エジプトの北東部、スエズ地峡に建設された、地中海と紅海とを連絡する水平式運河。アジアとヨーロッパとを結ぶ最短航路。

レセップス
1805～1894年 フランスの外交官。カイロ領事時代にエジプト王家と接近し、外交官をやめて会社を設立して、1869年スエズ運河を建設。パナマ運河建設にも着手したが失敗した。

果も期待できません。強い感謝の気持ちに駆られた民が、一致協力して初めて可能になるのです。それゆえ、幕府は民に『仁術』を施す必要があります。夫を失った妻を援助し、孤児を保護する。そうして、道徳を忘れた領民を有徳の民へと変えることです。

ひとたび領民に誠実な心が呼び覚まされれば、山を切り崩し、岩を砕くのも思いのままになります。回り道のように見えるでしょうが、これこそ最短かつ、もっとも効果的なやり方です。植物には根があってこそ、花が咲き、実を結びます。まず、道徳があって、それから作業があるのです。作業を道徳の前にもってこようとしても無理です」

尊徳が語るこの構想は、あまりにも観念的《かんねんてき》すぎる。そう判断した幕府は、案を却下した。今の人が聞けば、それも当然だと思うだろう。それでもあの「パナマ事件」に注目していた人なら、また違った見方をするに違いない。あの巨大な事業が失敗した最大の原因。それは財政が行き詰まったからではなかった。道徳的な問題があったからなのをご存じだろう。あの事業につぎ込まれた黄金は、どぶに捨てたも同然だった。コロン市とパナマ市を盗賊の巣に変えてしまったのだ。

実際、二つの海はいまだに遠く離れたままだ。その地峡からシャベル一杯分の

観念的
具体的事実に基づかずに頭の中で組み立てられただけで、現実に即していないさま。

パナマ事件
1892年フランスで起こったパナマ運河会社疑獄事件。スエズ運河の成功で国民的英雄になったレセップスはパナマ運河建設に着手したが、会社は多数の小株主の金を吸上げたまま行きづまった。これを隠そうとして、新聞や議会を買収した一連のスキャンダル。

土を初めて掬《すく》った時から、何も変わっていない（もっとも、予想に反して、その後、この運河はアメリカの財力のお陰で完成を見た。拝金主義強しというところだろう）。

偉大なフランス人技師のレセップスが、ほんのちょっとでも、尊徳のような考えを持っていたらどうなっていただろう。この日本人農夫にあった先見の明を持ち合わせて、道徳を考慮したならば、また違った結果となっていたにちがいない。

つまり、六億ドルの資金をすべて事業に使わず、その一部を「仁術」による人の投資へ回していたとしたらどうだったか。きっとレセップスの白髪頭には、二つの運河作りを称える栄冠が乗せられたことだろう。ところが実際には、パナマ運河作りを不名誉にも失敗し、せっかくのスエズ運河作りの輝かしい成功を帳消しにしてしまっていた。

確かに、お金はいろいろなことを可能にしてくれる。だが、徳はそれ以上のことを成し遂げることができる。このように考えると、運河建設の計画を立てる上で、誰がいちばん実践的だったのかは明白だ。やはり、道徳的な要素を重視した尊徳だったということになるだろう。

尊徳が生涯に手がけた事業は、地理的にはさほど広い範囲ではなかった。それでも、身分がはっきり隔てられていた時代のこと。農民という身分の尊徳としては、かなりの範囲に及んでいたといえる。中でも、いちばん大規模な業績を残したのが、今の磐城《いわき》にあたる、相馬領《そうまりょう》の復興だった。二三〇の村から構成される広大な地域で、今ではもっとも豊かで栄えた地域の一つになっている。

どんな事業であれ、尊徳はとても単純な方法で取りかかった。まず、たいていはその地方で一番貧しい村を対象に選ぶ。そして、その村に全力を注ぎ、勤勉と努力によって自分のやり方に従ってもらう。これが、全体の事業の中でも一番難しいところでもある。こうしてまず一つの村を救済する。後は、この村を足がかりとして、地域全体を巻き込んでいくのである。

尊徳はいわば、伝導《でんどう》にも似た精神を農民たちに吹き込んだのだった。彼はよく農民たちに、自分たちが助けられたのと同じように、近隣の村々を助けなさいと言っていた。農民たちは実際に尊徳によってすばらしい実例を見せられていたわけだ。彼らはすっかり感化され、他の村を惜しみなく手助けした。こうして、地域全体に同じやり方が広がっていった。単純な波及効果によって、人々は心を入れ替えるようになった。

磐城　旧国名の1つで、現在の福島県東部から宮城県南部にあたる地域。

「一つの村を救える方法ならば、一国すら救うことができます。原理はまったく同じなのです」

尊徳は、尋ねる人に決まってそう答えた。

「目の前の仕事に全力を尽くしましょう。そうすれば、これが前例となります。やがて時が来れば全国を救うのに役立つのです」

これは、尊徳が門人たちに語った言葉だ。日光地方にあった、荒れ果てた村々を復興する計画を立てていた際のことだ。

尊徳は、自分が森羅万象の普遍の法則を体得しているという自覚があった。だからどんな事業であれ、難しすぎて手に負えないということはなかった。また、簡単すぎて全身全霊《ぜんしんぜんれい》を傾ける必要がないということもなかった。そして、生涯、最後の最後まで勤勉であり続けた。彼は遠い将来を見据えて、村々が復興する計画を練った。だからその産物だけでなく、彼の精神が今なお私たちの中に息づいている。尊徳の手でよみがえった多くの農村の晴れやかな姿は、彼の知恵と先見性を証明している。また、尊徳の名前と教えによって結ばれた農民の団体が、日本各地に見られる。こうしたものすべてが、かつて気落ちした農民に尊徳が吹き込んだ精神をそのまま今、私たちに伝えているのである。

第3章　二宮尊徳——農民聖人

◇あなたは二宮尊徳の徳・信念をどう読み解きますか？

第4章

中江藤樹

——村の先生

【中江藤樹（なかえ　とうじゅ）】

１６０８〜１６４８年　江戸時代前期、近江国（滋賀県）の儒学者。王陽明の知行合一説に傾倒し、日本における陽明学の始祖となる。名は原、字は惟命、通称は与右衛門で藤樹は号。村民を教化し徳行を持って聞こえ、近江聖人と称された。門下生に熊沢蕃山らがいる。

1

日本で行われていた教育

「いったい日本では、どんな教育がなされていたのですか。私たち西洋人が、皆さんを救いにやって来る前のことですがね。というのも、あなた方日本人は、異教徒の中でも、とりわけ賢いように見えます。心と頭の両面で、何かしらの教育を受けてきたからこそ、今日の姿があるに違いありません」

こうした問いかけを、日本を離れて初めて西洋の文明の中に入っていった際によく受けた。あるいはそれに近い口ぶりで語りかけられたりもした。それに対して、私たちはこう答えたものだった。

「ええ、私たちの社会には、学びがありました。それもかなりの質のものです。あの十戒のうち、少なくとも八つの戒めを学んだと、自負しています。しかもまだ母親の膝の上にいる頃に、父親の口から学んでいたのです。力は正義ではないこと。天地は、利己主義の上に成り立っているのではないこと。盗みはどんな時も良くないこと。生命や財産は、結局のところ志すべきではないこと。その他にも、たくさんのことを学びました。

また、学校もあり、そこには教師もいました。でもそれは、偉大な西洋を手本にして、今日我が国で模倣されている学校とはまったく違っていました。

違いの第一は、学校が決して知的な修行を積むための訓練所と考えられていなかった点です。学校に行かされたのは、修行を積めば生計を立てられるからではありません。真の人間になるためでした。そうした人は『君子』と呼ばれていました。英語のジェントルマンに近いものです。

十戒
前14世紀頃のイスラエルの預言者モーゼによるもので、旧約聖書の出エジプト記にある、モーゼがシナイ山でヤーウェ神から与えられた10カ条の啓示。

違いの第二は、一度にたくさんの科目を教わることがなかった点です。人の脳は左右二葉しかないことは、今も昔も変わりません。それに、昔の教師は、わずかな年月であらゆる知識を詰め込むのはよくないと考えていました。これは、賢明なことだと思います。これが、かつて日本で行われていた教育方法の長所の一つです。

私たちは、歴史、詩歌、礼儀作法もかなりの程度まで教わりました。しかし主に道徳、それも実践に役立つものを学んでいたのです。難しい理論に基づく道徳ではありません。また神秘や宗教がかった道徳も、日本の学校では強いられたことはありません。確かに、仏教学者の中には、山にこもって、どうでもいいようなことを論じている人もいました。『伝説の亀の甲羅には、毛が何本生えていたか』といったことです。でも、俗世間に住む普通の人たちは、実生活に即した問題に向き会わなくてはなりません。そんな浮き世離れしたことに、心をわずらわされている場合ではありませんでした。言い換えるなら、日本の学校では、宗教は教えられたことはありません。寺、これは教会のようなところですが、宗教を学びたければこういう場所へ行けばよかったのです。学校には、ほかの国で見受けられるような、教派同士の対立などありませんでした。これもまた、昔の教育制度の優れた点だったと思います」

「さらに続けましょう。私たちにはクラス分けもありませんでした。魂を持つ人間を、まるでオーストラリアの牧場の羊のように仕分けることは、昔の学校では考えられなかったのです。人間はそんなふうに分類できるものではない。一個の人として、顔と顔、心と心で向き合うものだ。教師たちはそう信じていたと、私は思います。ですから教師は、私たち一人ひとりの体の状態、ものの考え方、感じ方などをよく見ていました。その上で、個性に応じて教育をしていました。

例えるなら、ロバと馬とが同じ引き具につながれることがなかったようなもの。ロバがのろまだからといって、打ち据えられることがなかったわけです。あるいは、優れた馬を鍛え過ぎて死なせてしまう恐れもありませんでした。これに対して、日本でも今や適者生存《てきしゃせいぞん》という考え方に基づく教育制度が導入されています。

でもそれは、かつてのように、寛大で人を愛する君子、つまりジェントルマンを育てるのには適していないように思われます。昔の教師は教育の理念という点で、ソクラテスやプラトンの考えと一致していました」

ソクラテス
前470年頃～前399年　古代ギリシャの哲学者。よく生きることを求め、問答法によって相手に自らの無知を自覚させ、真の認識に到達させようとした。著作はなく、業績は弟子のプラトンなどの資料から推定される。

プラトン
前428年頃～前348年頃　古代ギリシャ最大の哲学者。ソクラテスに師事し、アカデメイアを創設。知識・倫理・国家・宇宙にわたる諸問題を考察し、イデアを探求して、学問的認識の方法として弁証法を唱えた。

「ですから当然ながら、教師と生徒の間柄はできる限り親密でした。私たちは教師を、あの、なんとも煙たい『教授』という言葉で呼びませんでした。先に生まれたという意味の『先生』と呼んでいたのです。必ずしも先に生まれたとは限りませんでしたが、だいたいはそうでした。しかし、『先生』のもう一つの意味は、この世に生まれてきたのが先というだけでなく、先に真理を体得した人ということです。ですので、先生は生徒から、この上ない尊敬を受けていました。それは、私たちが両親や君主に示す敬意にも似ていました。さらに言うなら、『先生』と『両親』と『君（藩主）』は、尊敬すべき対象ということでは三位一体をなしていたのです。日本の若者にとってもっとも難題は、この三者が同時におぼれかけたらどうするかというものでした。一人しか助けることができないとしたら、誰を先に助けるか。『弟子』が『先生』のために命を投げ出すことは、最高の美徳だったのです。それに引きかえ、現代の教育制度では、生徒が教授のために死んだという話は聞いたことがありません。

『先生』と『弟子』の関係は、私たちの頭の中に常にありました。だからこそ、キリスト教の聖書に出てくる親密な師弟関係を、すぐに理解できた日本人もいたのです、例えば『弟子は師に勝ることなく、しもべは主人に勝ることなく、よき羊飼いは羊のために命を捨てる』などです。こういうことが聖書に書いてあるのを読んで、私たちはほとんど直感的に、そのようなことは、もうずっと昔からわかっていたことだと思いました。そして、キリスト教徒は、本当に聖書の教えをわかって私たちに教えようとしているのだろうかと、つい思ってしまうのです。彼らは、師とは教授にすぎず、弟子とは生徒にすぎないと考えていたからです。

もちろん、古いものがあらゆる点で新しいものより優れていると主張しているわけではありません。ただ、古ければなんでもかんでも悪いわけではないし、新しければ何でもかんでもよいわけではないと言いたいのです。新しいものはまだ改善する点がたくさんあります。また、古いものの中には、よみがえらせたほうがよいものもたくさんあります。今の世の中はまだまだ、古いものを全部捨て去って、新しいものをすべて受け入れようというまでには至っていないのです」

私たちはこのように西洋の人々に説明した。いつもこのように語ってきたが、拍手喝采とはいかなかったようだ。冒頭、日本の教育について質問をしてきた西洋の人たちは、こう感じたのだろう。

「どうも、日本人は思っていたほど従順でもなければ、いいなりになるわけでもなさそうだ」

それならいっそ、日本人が頑固で、外からのものを受け入れず、退けてしまう性質をもっと主張するのもよいかもしれない。そのことを伝えるのに最適な人物をこれから紹介しよう。理想的な学校教師（先生）の一人として、私たちが尊敬している人物だ。それによって、日本の若者たちの教育に深い関心を寄せている西欧の良き友人たちに、何らかの手がかりを提供できれば幸いだ。

2 幼い頃と自覚

それは西暦一六〇八年のことだった。関ヶ原の戦いからまだ八年しかたっておらず、大阪城の落城より七年前という時代。まだ男たちは戦に明け暮れ、女たちはそんな状況を嘆き悲しむ毎日を送っていた。実世界で生き延びようとする者が、学問や思想にうつつを抜かすなど、もってのほかと見なされていた。そんな時代、日本にいまだかつてないほど気高く、もっとも進歩的な思想家が近江の地

近江の地
滋賀県北東部、米原市南西部の旧町域。中江藤樹は現在の滋賀県高島市（高島郡小川村）で生まれた。

で生まれた。ここは、琵琶湖の西岸、比良山系のなだらかな稜線が望める。鏡のようになめらかな湖面には、山陰がくっきりと浮かび上がる。

父母の住む近江を遠く離れた四国で、藤樹はもっぱら祖父母の手で育てられた。そして幼い頃から年齢の割には並外れて利発さを発揮した。当時、武芸を主に仕込まされていた侍の子としては、めずらしい少年だったといえる。

一一歳の時のこと。孔子の『大学』を手にした藤樹は、ある一節に触発され、志を立てた。それはのちの生涯を形作るものとなった。

「少年から庶民に至るまで、人の第一の目的は、その身を修めることにある」

藤樹はこれを読んで叫んだ。

「このような本があるとは、ああ、ありがたいことだ。聖人になろうと思えば、なれないはずはないのだ」

藤樹は感激のあまり、涙を流した。そして、このときの感動を、彼は生涯忘れなかった。「聖人になりなさい」とは、なんと大きな志なのだろうと思った。

だが、この少年は、祈りや内省ばかりの、ただの神経質な弱虫ではなかった。ある時、祖父の家が暴徒に襲われたことがあった。藤樹は刀を手にするや、真っ先に暴徒の中に突進した。そして首尾良く彼らを追い払った。その姿は「いつも通り平然としていた」という。この時、まだ、一三歳だった。

同じ頃、藤樹は、天梁《てんりょう》という学識の高い僧侶の元へ行かされた。漢詩や習字を習うためだった。この早熟な少年は、先生にたくさん質問をした。中でも、次の質問は、とても藤樹らしかった。

「先生はおっしゃいましたね。仏陀《ぶっだ》は生まれると、片方の手で天を、もう片方で地を指した。そして、『天上天下唯我独尊《てんじょうてんがゆいがどくそん》』と言った、と。仏陀は、天下一傲《ごう》慢《まん》な人間ではないでしょうか。どうしてこんな人間を理想としているのですか」

その後もこの少年は、仏教に惹かれることはなかった。彼にとって理想とは、どこまでも謙虚であることだった。仏陀はそのような対象ではなかったようだ。

一七歳の時、孔子の『四書』を一揃い手に入れることができた。書物の乏しい時代のことだ。このことが藤樹の学習意欲を一層かき立てた。ようやく今、自分のものとなった貴重な知識の宝庫に、暇さえあれば夢中になった。だが、侍の本分は戦とされていた時代のこと。読書など出家した僧か世捨て人に似つかわしいものと蔑《さげす》まれていた。若い藤樹も人目を忍んで勉強を続けるよりほかなかった。昼はもっぱら武芸に励み、読書に打ち込むのは夜だけにしていた。それでも、いつまでも隠しきれるものではない。

仏陀
「悟った者」を意味するサンスクリットのブッダbuddhaの音訳で、釈迦牟尼（しゃかむに）の称。

天上天下唯我独尊
釈尊が誕生したときに、右手を上げて唱えたと伝えられる語で、宇宙のなかで自分より尊い者はいないという意味。

『四書』

儒教の経典である4つの書物『大学』『中庸』『論語』『孟子』を指す。

ある日、仲間の一人が藤樹のことを「孔子どの」と呼んだ。彼が毎晩読書に没頭しているのを知ってからかったのだ。それに、その当時の粗野で乱暴好きの若者たちとは違い、藤樹は優しい性格だった。だからあからさまにからかったのだ。

「無知め！」

おとなしい少年から怒りの言葉が飛び出した。

「孔子様が亡くなってから二千年になる。そんなふうに呼んで、聖人の名を汚す気か。それとも私が学問好きなのをあざけるつもりか。哀れなやつだ。戦だけが侍の仕事じゃない。平和な時の学問も務めだ。無学な侍は、物や奴隷と同じだ。貴様は奴隷でいることに満足しているのか」

藤樹の火のような雄弁はてきめんだった。からかった仲間は自分の無知を認めた。それからは何も言わなくなった。

そんな藤樹も二二歳の若者に成長した。優しかった祖父母はすでに亡くなっていた。父親も先頃亡くしたばかりだった。父親とは、生涯ほんのわずかしか一緒に過ごしたことがなかった。藤樹は不幸がいろいろ重なり、いっそう多感で涙もろく、思いやり深くなっていた。今や一番の気がかりは、近江に残された母親のことだった。

学問と高潔な人柄によって、日増しに藤樹の名声は高まっていた。このままいけば、名誉と高禄とが前途に約束されていた。けれども、藤樹にとって、たった一人となった肉親である母親は、なによりもかけがえのない存在だった。このころから藤樹は、なにくれとなく母を気遣うようになっていった。

3 母への敬愛

藤樹は初め、母を自分の元へ呼び寄せようとした。そのうえで伊予の国の藩主に仕えるつもりだった。だが、それがかなわないとわかると、藩主の元を去って母のそばを一生離れまいと心に決めた。心の中で激しく葛藤したあげくの決断だった。藤樹は家老に一通の手紙をしたためた。その中で、特別な事情から藩主よりも母に尽くす道を選んだことが記されていた。

「二つの務めのどちらを採るべきか、慎重に考えました。主君は、私ごとき家来なら俸禄《ほうろく》を用意すればいくらでも召し抱えることができるでしょう。しか

伊予の国
現在の愛媛県の全域にあたる旧国名で、伊与とも書く。予州。

し、私の老母はこんな私しか頼れません」

こうして藤樹は、あの「三位一体《さんみいったい》」という難しい問題に対する良心の呵責《かしゃく》にキリをつけた。その上で彼は母の元へ向かった。相当な量の禄米、家屋敷、家財といった財産を一切なげうって帰郷を果たしたのだった。

願い通り、母のそばにいられることにはなったけれど、安心させてやるだけの収入はなかった。家に帰り着いた時に、手持ちは一〇〇文（今の一銭に相当し、当時の価値にすれば一円ほど）しかなかった。藤樹はその金で酒を買い求めた。そしてにわか行商となって、近隣の村々に酒を売り歩いた。学者先生にもなれる人物が、である。ともあれ、それでわずかばかりの利益を手にした。すべては母親のためである。

また、侍の魂である刀も処分し、銀一〇枚を手にした。この金を村人に貸し、わずかの利子で小家族のつつましい生活を支えた。藤樹にとって、母親の笑顔が至上の喜びだった。それにまさる貴重なものなど、何もなかったのだ。

二年間、藤樹はこうしてひっそりと、質素な暮らしを続けた。だが、この歳月こそ、彼にとってもっとも幸せな時期だった。それは、のちの著作からもうかがわれる。

三位一体　キリスト教の根本教義の1つで、三位はすべて本質において同一であり、唯一神はこの3つをもつ実体であるという考え方。父なる神、子なるキリスト、聖霊をもって超越すると同時に内在し、人格を超えると同時に人格として歴史の中に顕現する神の存在様式を述べるもの。ここでは先述した「先生」「両親」「君（藩主）」の3つを指す。

今の一銭　本書が刊行された1908年当時の金額換算。

「夢に母を思い、寝返りを打った」

このように、母の側を離れると、よく眠れなかったようだ。後に触れるが、藤樹の道徳観の中心にあったものは、子としてなすべきこと、つまり「孝」だった。何より大切なこの義務が欠ければ、すべてはないのと同じだ。それは、彼を落ち着かなくさせた。

藤樹の一生をかけた目的とは何だったのだろう。私たちは今、それがはっきりとわかる。藤樹にとって、学者や思想家であることよりも大切なこと。それは、聖人、すなわち完全な人間になることだった。

けれども、世の中は学者や思想家としての藤樹を待ち望んでいた。そして、世間から説き伏せられた結果、いよいよ藤樹は人々のため学問を授けることになった。

④ 近江の聖人

二八歳の時、藤樹は行商をやめた。そして村に私塾を開いた。当時は、簡単に学校を開くことができた。自宅をそのまま生徒たちが寝起きする場所にすればよかった。礼拝も、講義も、そこで行った。部屋の正面には孔子像が掲げられた。敬意を表して香を焚き、生徒たちを従えた先生が儀礼を執り行った。

学ぶ科目には、科学や数学はなかった。中国の古典、歴史、詩作、習字が当時の授業のすべてだった。

ささやかで目立たない仕事。学校教育とは当時、そのようなものだった。天使にはうらやまれ、世間の目立ちたがり屋からは敬遠される役目だった。

草深い村に落ち着いてからというもの、藤樹は人生最後の日まで、穏やかで楽しい日々を送った。もっとも、思いがけずその名が広く知られるようになったが、それは後で述べたい。名が知れるということを、藤樹は何より嫌っていた。心こそ自分の全世界であり、内なる世界にこそ自分のすべて、いや、それすら超えるものがあった。

藤樹は村の出来事について、いつも関心を寄せた。たとえば、村役人に訴えられた村人のために、とりなしの労をとった。また、駕篭《かご》に乗っている時は、駕篭かきに「人の道」を説いたものだった。こうした話は、近隣の村々にまで語り継がれた。どちらの例も、藤樹の人生観がにじみ出ている。「積善《せきぜん》」ということに

積善
善行を多くつみ重ねること、またそのつみ重ねた善行を指す。

ついて、彼はこんなふうに語っている。

「誰でも悪名はごめんだが、名声は求めたがるものだ。小さな善が積もって初めて、名声も上がってくるものだ。だが、小人は小善を積むなど思いも及ばない。これに対し君子は、毎日自分に訪れるちょっとした善い行いのきっかけをおろそかにしないものだ。もちろん機会があれば、大きな善行も行う。ただ、自分から求めて行ったりしないだけだ。大善は名声をもたらすが、小善は徳をもたらす。世の人は、名を得ようと大善を求める。けれども、名を上げるために行われるなら、大善さえ小さくなってしまう。君子とは、多くの小善から徳を生み出す人のことだ。まさしく、徳に勝る善はない。徳はあらゆる大善の源である」

藤樹の教育は、一種独特な点があった。生徒の徳や人格形成を重視する一方で、文芸や知的な面での向上はほとんど問題にしなかった。藤樹が考える真の学者とは、次のような一文に表れている。

「学者とは、その徳を称える呼び名だ。学識があるからそう呼ばれるのではない。学問やたしなみは教養の一つだ。生まれつき才能がある人なら、難なく文人となれるだろう。もっとも、学問にいくら秀でていても、徳が身についていなければ、学者とは呼べない。学識のあるただの人だ。一方、学問を修めていなくても、徳が備わっている人は、ただの人ではない。学識はなくとも学者なのである」

この教師の存在は、ごく限られた近所の人々にしか知られず、淡々とした控えめな暮らしが続いた。だが、やがて神の摂理《せつり》だろう。無名の存在から、世間に知られる人物となることとなる。

ある時、一人の若侍が生涯の師と仰ぐ聖人を求めて、岡山を旅立った。この風変わりな旅は、キリストが生まれた際、あの東方の三賢者が「ユダヤの救世主」を探して旅をしたのとまったく同じだった。若者は都がある東へと急いだ。都なら大名や名士はもちろんのこと、聖人にもきっと出会えると思い立ったからだった。彼は旅の途中、近江に投宿し、一夜を過ごした。ふすま一枚で隔てられただけの隣部屋には、旅の者が二人泊まっていた。どうやらお互い知り合ったばかりらしい。二人の会話に、若者は引きつけられた。彼らのうちの一人は侍で、こんな体験談を語った。

「あれは、殿に言いつかって都に上り、数百両の金を託された帰り道のこと

東方の三賢者
新約聖書マタイ伝2章に登場する、イエスの誕生時に星をたよりにやってきて拝んだとされる人物たち。

だった。むろん、金は肌身離さず持ち歩いていた。この村に入ってから、私は馬を雇い、午後はそれに乗った。ところがどうしたものか、私はいつもの習慣に従わず、馬の鞍に財布をくくりつけた。それから宿に着き、その金のことをすっかり忘れたまま、馬と一緒に馬子《まご》は帰らせてしまったのだ。しばらくたって初めて、大変な忘れ物をしてしまったことに気がついた。私がどれほど窮地に陥ったか、おわかりだろう。馬子の名もわからない。探し出すなど、とても無理だ。たとえ探し出せたとしても、馬子が金を使い尽くしていたらどうしようもない。まったく申し開きができない不始末だった。もう、殿に対する釈明のすべは一つしか残されていない（人命は今よりもずっと軽い価値しかなかった）。私は家老と家の者に宛てた書状をしたため、最期を迎える決意を固めた。

こうして私は、言いようもない苦悩にうちひしがれていた。すると、真夜中近く、宿の戸を激しく叩くものがあった。やがて、人夫の身なりをした男が、私に会いたいと言っていると知らされた。その男を見るや、私は本当に驚いた。その日の午後、馬に私を乗せた馬子その人だったのだ。男はすぐさまこう言った。

『お侍様、鞍に大事なものをお忘れじゃございませんか。家に帰るなり見つけたので、お返ししなきゃと、こうして戻ってまいりました。こちらでございま

最期を迎える決意　責任を取って切腹することを指す。

す』

そう言って馬子は、私の前に財布を差し出した。私はもう、嬉しさのあまり自分がどこにいるかもわからないほどだった。だが、ふと、我に返って答えた。

『あなたは私の命の恩人だ。命を救ってくれたお礼に、この金の四分の一を受け取ってもらえないだろうか。この新たな命の親も同然なのだから』

馬子は微動だにしない。

『そのようなものをいただく資格などございません。財布はお侍様のもの。あなたがもっていらして当然なのです』

馬子はそう言って、目の前に置かれた金に手をふれようとしなかった。私はぜひとも一五両は受け取らせようとした。けれども駄目だった。では五両、せめて二両、最後は一両を渡そうとしたが、無駄だった。ついに馬子は言った。

『私は貧乏人です。わらじ代として四文（一セントの一〇〇分の四）もいただければ充分でございます。これを返すため、家から四里の道を歩いてまいりましたので』

なんとか私が馬子に渡すことができたお礼は二〇〇文（二セント）だった。彼が喜んで立ち去ろうとするのを私は引き留めて、こう聞いてみた。

『どうして、それほどまでに無欲で、正直で、そして誠実なのか。どうか、そのわけを聞かせて欲しい。このご時世に、これほどの正直者に出会うとは思いもよらなかった』

『私のところの小川村に、中江藤樹という人が住んでおります。その方が、私どもにそういうことを教えてくださるのです。先生は、利を上げることが生きる目的ではない。誠実、正義、人の道こそ目指すものであると説かれるのです。私どもはみな、この先生のお話をよく聞いて、毎日その教えに従って暮らしているだけでございます』」

この話を隣の部屋で聞いていた若者は、はたと膝を打った。そして思わずこう叫んだ。

「その人こそ、私が探し求めていた聖人だ。明日の朝訪ねて行って、下男なり、門弟なりにしてもらおう」

次の日、若者はすぐさま小川村へ行き、聖人を尋ね当てた。そしてやってきた理由を告げ、門下に加えていただきたいと懇願した。

藤樹はびっくりした様子だった。自分は村の一教師に過ぎない。遠くからわざわざ教えを請いに来てもらうような者ではない。藤樹もまた丁寧にこの若侍の頼みを断った。

だが。彼はあきらめない。いったん師と誓った人の元、一歩も動くものかという様子だ。

一方、藤樹の方も毅然とした態度だ。この客人はとんだ思い違いをされている。自分は村の子どもたちに教えているだけだ。こうなるともう、粘り強さが勝つか、謙虚さが勝つかで、二人とも最後まで一歩も引こうとはしなかった。

何を言っても、どんなふうに頼んでも、師は弟子入りを許してくれそうもない。若者はもう、ただねばり通すしかない。それしかこの聖人の謙遜《けんそん》に打ち勝つすべはないのだと覚悟を決めた。若者は師の家の玄関のそばに外衣を広げた。そして姿勢を正し、大小の刀を傍らに置き、膝に両手を置いて座った。日にさらされても、夜露に濡れても、道行く人に噂をされても、若者は座り通した。夏だったので、そのあたりでは蚊にも悩まされた。それでも、一途な気持ちを精一杯保とうと、背筋を伸ばしたまま、姿勢を崩さなかった。

こうして、三日三晩が過ぎた。無言の願いは家の中にいる師にも伝わったはずだ。けれども許しの言葉は出てこなかった。

この時だった。藤樹にとってとても大きな存在の人、母親が間をとりなした。

これほど心から願っているのに、息子は受け入れることなく、若者を追い払おうというのだろうか。母はそう思ったのだった。藤樹も考え直し始めた。母上が正しいとお考えなら、それが正しいに違いない。藤樹はとうとう折れて、この若者を弟子にした。

この若者こそ熊沢蕃山《くまざわばんざん》だった。のちに雄藩の岡山で、財政はもちろん藩政全般を任された人物だ。領内には今なお、たくさんの改革の遺構を見ることができる。たとえ蕃山のほかに弟子がいなかったとしても、中江藤樹の名は、この国の大恩人の一人として記憶されていたことだろう。蕃山を弟子に迎えたということは、今や、師である藤樹に大きな仕事が託されたといえた。その意義をよく理解するためには、生徒、蕃山について別に一冊の書物をしたためなくてはならないほどだ。ともあれ、こうして宵闇《よいやみ》に紛れることを好む宝石、つまり藤樹は、白日の下へといざなわれた。まさに神の摂理というべきだろう。

もう一つ、藤樹の逸話を紹介したい。これも、この人物のあまり知られていない話だ。そして、これをもって、数少ない外から見える藤樹の暮らしぶりを締め

熊沢蕃山
1619〜1691年
岡山藩に仕え、陽明学を信奉した江戸時代の陽明学者。

くくろう。それは、岡山藩主直々の訪問を受けたことだ。この藩主は、家臣である蕃山から、師である藤樹の人格がいかに高潔かを伝え聞いていた。

当時はもちろん、身分がはっきりと分けられていた。したがってこのような訪問は、まったく異例のことだった。しかも藤樹はまだ、無名の人物だった。そこへ大藩たる岡山の、それも池田光政《みつまさ》という全国でも有数の大名が訪ねてきたのだ。これは光政公の非常にまれな謙遜の美徳といえる。そして訪問した方にも、また、された方にとっても名誉なことだった。

ところが、この大名の期待に反して、師も村人も、そのような立派な客を迎え入れる準備を何もしていなかった。岡山藩主は大勢の従者を引き連れて、藤樹の住まいに着いた。ちょうど藤樹は子どもたちに『孝経《こうきょう》』を説いているところだった。藤樹は、岡山藩主がお着きだと知らされた。これに対し藤樹は、講義が終わるまで玄関のところでお待ちいただきたいと答えた。藩主にとっては、このような扱いを受けるのは、初めてだった。けれども言われた通り、従者と共にそこで待つことにした。家の中では、何ごともなかったかのように講義が続けられた。

ようやく講義が終わった。藩主は、普通に人に接するのとまるで変わらない態度で迎え入れられた。藩主は、自らの師として、また、相談役として仕官《しかん》しても

池田光政
1609〜1682年
江戸前期の大名で備前岡山藩主。熊沢蕃山を登用し、儒教主義に基づいて藩政の改革や農事改良、学問・文化の興隆に努めた。

『孝経』
中国の儒教経典の一つ。孔子が曾子に孝道を説き聞かせるという形をとる。

らえないだろうかと藤樹に乞うた。だが、彼は、この村と、母の元にいることが自分の使命だと言って、辞退した。結局、藩主がこのきわめてまれな訪問で手にした成果は、それ以外のことだった。自分の名を、門人として連ねさせてもらうこと。藤樹の代わりに長男を岡山へよこしてもらうという約束だけだった。

教えを求めてやってきた貧しい若者には、あれほど謙虚だった師。それが今度は、栄華を極めた大大名が訪れると、堂々と振る舞ったのだ。まさしく藤樹は、全国から人々が相談にやってくるに値する人物だった。そして「近江の聖人」という名にふさわしかった。こうして次第に世の賞賛を集めるようになった。他にも多くの大名が訪れ、それぞれの領内で起こっている問題への助言を求めるようになった。

こうしたことを除けば、藤樹はごく平穏に日々を過ごした。最後に、西洋の人々は、妻との関係はどうだったのか知りたいだろう。西洋では、何よりも妻との関係によって人を判断するだろうから。

藤樹は儒者でありながら、一夫一婦《いっぷいっぷ》制を信奉していた。中国の賢者の定めに従って、三〇歳で結婚した。けれども、伴侶となった女性はあまり器量がよくなかった。藤樹の母は、そのことで家族が不名誉を被るのではないかと案じて、再

一夫一婦制
一対の男女の排他的・継続的な婚姻制度、単婚を指す。西欧社会においてはキリスト教原理と結びついて、より強固なものに発展し、日本では明治中期に至って法制的に確立した。

婚をすすめた。この当時は、よくある話だったようだ。だが、母の願いならたいていは聞き入れていた優しい息子も、この時ばかりは従わなかった。

「たとえ母上がおっしゃることでも、天道に反していれば従うわけにはまいりません」

こうして妻は生涯、夫に添い遂げ、二人の子どもをもうけた。彼女は「夫の名誉のためなら、自分の名誉などそっちのけ」という、典型的な日本の妻だった。妻のこの心根の美しさによって、藤樹は理想的な女性像とはどんなものかという着想を得た。それは、藤樹が書いた『女訓《じょくん》』という小冊子に次のように記されている。

「男女の関係は天地の関係と同じだ。天は力であって、万物の源である。地は天が創造するものを受け止め、そして育む。夫と妻の和は、ここにある。夫に源を発したものを、妻が完成させるのだ」

こうした女性観に、キリスト教徒も異論はないことだろう。

5

満ち足りた内面を持つ人

見た目こそ貧しく、地味な印象だったけれど、藤樹の中身はまったく別だった。彼の内面は広く豊かで、多様性に富んでいた。そこでは、自分こそが真の統治者だった。このように内面が満たされているから、自然と外面も穏やかになっていった。天使のような人をよく「心九分、肉体一分の人」という。まさに藤樹にも、当てはまった。私たちキリスト教徒には、もっと進んだ「救済論」や、「終末論」といった考え方がある。しかし、藤樹の半分でも幸福を実感できているかどうか疑問だ。

つい最近のことだ。藤樹の著作が、後世の二人の弟子によって入念に編集された。それは一〇巻からなる大型の和本として刊行された。これは、かつてこの国にいた人物の魂を広く見渡すことができる作品となっている。そもそも、体系的な思想が日本に根付いているのかどうかすら疑わしいこの時代に、このような作品がまとめられたのだ。ここに収められているのは、藤樹の小伝、村人たちに語り継がれてきた藤樹の逸話《いつわ》などである。もちろん、中国の古典についての藤樹の

救済論
単なる現世利益をもたらす段階にとどまらず、人を不幸な状態から解放し、幸福さらには生きる意味を与えることを説く。

終末論
人間と世界の終末についての宗教思想で、現世の悪に対して、世界の窮極的破滅や最後の審判、人類の復活、理想世界の実現などを説く。

注釈、講義、評論、問答、書簡、随想、座談、それに和歌や漢詩も掲載されている。今の私たちにできるのは、このような作品を通じて、藤樹の内面世界に読者を案内することくらいだ。

藤樹の学問の歩みを見ると、二つの時期がある。一つは、同時代の人々と同じように、保守的な朱子学の中で育てられた時期のものだ。朱子学では、何よりも自分自身を常に深く見つめるよう求めてくる。この多感な若者にも、内なる欠点や弱点を絶えず反省せよと促したに違いない。それによって、本来に輪をかけて感じやすくなってしまったのではないか。そんなふうに、容易に想像できるのだ。というのも、行き過ぎた自己反省の結果が、彼の若い頃の生活や著述にはっきりと見て取れるのだ。例えば『大学啓蒙《だいがくけいもう》』は、二一歳のこんな精神状態の時に書かれたものだ。藤樹は、そもそも内気な性格だ。気が滅入るような朱子学に抑圧されて、それこそ陰気な世捨て人になっていたかもしれない。実際、似たような性格の人がたくさんそうなっていたのだ。幸い、新しい希望の光が彼の心に差し込んできた。それは、あの王陽明だった。この中国の思想家の進歩的な著作を通じて、光明が藤樹に届いたのだ。

王陽明という注目に値する思想家は、本書の西郷隆盛のところですでに触れる機会があった。これはもう、日本の歴史を語る上ですっかり既成事実だ。私にはそう言明してもかまわないと思うことがある。それは、この王陽明という人を通じて中国文化を学んだお陰で、私たちは救われたのだということだ。すなわち、内気、臆病、保守的、後ろ向きな国民にならずにすんだのだ。今の研究者なら誰でも、孔子という人物がとても進歩的だったと認めるはずだ。孔子を都合の良いように解釈し、世に広めたのは他でもない。同じように後ろ向きな考え方を好む中国人だったのだ。

これに対して王陽明は、孔子の先取りに富む気性を丹念にすくい上げた。その上で、自己流の後ろ向きな解釈をしがちな人々に、希望を抱かせた。王陽明のおかげで、我が国の藤樹も、孔子を新鮮な目でとらえることができるようになった。こうして近江聖人は、実践の人となった。その陽明学の教えについて詠んだ和歌がある。

暗くとも　ただ一向に　すすみゆけ　心の月の　晴れやせんもし

志　強く引き立て　向かうべし　石に立つ矢の　ためし聞くにも

上もなく　また外もなき　道のために　身を捨つることこそ　身を思うなれ

このような作品から、まさか物静かな村の教師など想像もできないだろう。藤樹が中国の古典について注釈を記していたのは、すでに触れた通りだ。これは、彼の著作の中でもとりわけ重要な部分だ。ただし、一般的な注釈家の作業とは思わないほうがいいだろう。藤樹はとても独創的な人間だった。ただ、もともと控えめな性格だった。そこで自分の考えを述べるために、こうした文献を援用したのだ。実際、自由奔放に古典を論じていた。そのことは門人たちに彼が繰り返し、こう語っていたことからも明らかだ。

「いにしえの聖賢の教えは、今の世の中に当てはまらない部分が多い」

藤樹はそのように語り、改訂版を作って教えた。彼がこんにち生きていたとしたら、異端裁判《いたんさいばん》の格好の餌食《えじき》になっていたことだろう。

人間が作り出した「法（ノモス）」と、永遠の「真理（ロゴス）」。藤樹はこの二つをはっきりと分けて考えていた。そのことは、次の明快な説明からもわかる。

「道（真理）は、法とは別物だ。どちらも同じように考えている人が大勢いる

異端　ある宗教の内部において、正統信仰とは異なる立場をとる教説や教派、特に正統派がこれらを呼ぶ場合の称。

が、大間違いだ。法は時と共に変わるし、また、中国の聖人によっても解釈が異なる。我が国にそれを持ってくれば、なおさらそうだ。これに対して道は、永遠から生まれ出るものだ。徳と呼ばれるものに先だって、広く行き渡っていたのが道である。人間が存在するよりも前から道はあったのだ。人類が消滅し、天地が無に帰した後も、道はありつづけるだろう。しかし法は、その時代、時代にかなうよう作られたもの。時代も場所も変わっているのに、今の世に押しつけられたとしたら、どんな聖人が作った法だったとしても、道の大義を損なうことになる」

儒教の経典（経書）には誤りが一切ないとされていた時代に、こう語ったのだ。今ならさしずめ、聖書が極端な霊感論者によって誤りがないとみなされるようなもの。そんな時代にあえて、このような精神で藤樹は注釈を書いた。当然のことながら、大胆で、斬新で、画期的なものだった。

そもそも藤樹は、大胆不敵で自主の精神に富んでいた。そんな彼の道徳体系で、何よりも注目したいのは、謙譲の美徳を最高と位置づけていたことである。藤樹にとって謙譲の美徳とは、そこから他の一切の道徳が生じる基本的なものだった。この美徳がない者はすべての徳が欠けると彼は考えていた。

儒教の経典（経書）
儒教の基本的文献。経は「たて糸」＝聖賢の不変の教えを意味する。

霊感論者
神仏の不思議な感応、霊応、霊的なものを感ずる不思議な感覚を信ずる人びと。

「学者はまず、その思い上がった心を捨て去ることだ。そして謙譲の美徳を求めること。そうしない限り、いくら学識や才能があろうとも、世の俗人の上に立つ資格などない」

「慢心《まんしん》は損を招く。だが、謙譲《けんじょう》は天の道だ。謙虚とはすなわち虚無《きょむ》だ。心が虚であれば、善悪の判断は自然と生じてくる」

ここでいう虚について、藤樹は次のように説明をしている。

「昔から、真理を求めようとする者は、この言葉につまずいてきた。精神的であるから虚であり、虚であるから精神的なのだ。このことを肝に銘じておくべきだろう」

では、どうすればこのような徳の高みに到達することができるのだろう。藤樹のやり方は非常に簡単だった。

「徳を大切にしようと思うのなら、毎日、善を行うことだ。善を一つ行えば、悪が一つ去っていく。善を毎日行えば、悪も毎日去っていく。昼が長くなれば、夜が短くなるように、善を勤めるなら、すべての悪はやがて消え去るはずだ」

虚心であること。そこに藤樹は至高の満足を覚えていた。そうならず、まだ利《り》己心《こしん》を免れていない人びとを哀れみ、次のように語っている。

監獄の外にはまた監獄がある。
それは世界がすっぽり収まるほど広大だ。
名誉、利益、高慢、欲望への執着が、
四方の壁の正体だ。
哀れなことに、実に多くの人々が
この監獄につながれたまま、
いつまでも嘆いている

藤樹は、「願いごと」を含めて、欲望はどんなものでも嫌いだった。仏教はこの要素が色濃く感じられたので、彼にとって信仰の対象とはならなかった。たとえ善い行いでも、何らかの見返りを目当てにすれば受け入れがたい、それが来世への報償《ほうしょう》だったとしても、藤樹には認められなかった。正義とは、藤樹にしてみれば、それ以外に動機を必要としないものだった。報われて来世に生まれ変わるという望みを仮に藤樹が抱いていたとしても、その正義愛と「天道」を実践する喜びを少しも妨げるものではなかったのである。

仏教の信仰を離れて、儒教に宗旨替《しゅうしが》えをした息子のことを嘆くある母親がいた。藤樹は彼女にこんな手紙を送った。

「来世を大切にする気持ちはよくわかります。しかし、来世がそれほど大切なら、現世はもっと大切だと気づいていただきたいのです。現世で迷うなら、来世でも迷い続けることでしょう。（中略）このように明日をも知れず、はかないのが人生です。だから、自らの胸の内にある仏をいつも拝する気持ちが、何よりも大切なのです」

藤樹自身は、無神論者ではなかった。これは彼が、日本の神々に深い敬意を表していたことでもよくわかる。ただし、藤樹の信仰は一つ。正しくありたいという願いだけだった。そしてほかにはどんな「願いごと」もまったくなかった。

それでも藤樹は、人生をしっかりと楽しんだようだ。どの著作からも、失望のかけらも見いだすことはできない。陽明学派だった藤樹がどうしてこれほど幸せだったのか。私たちキリスト教における神の概念や世界観からすれば、その理由が思い浮かばないことだろう。

藤樹は人生に尽きることのない喜びを感じていた。「冬のある日に」と題された和歌に、その心情が詠まれている。

無神論者　神の存在を認めない人や無神論を主張する人びと。

世の中の　桜をたえて　思わねば　春の心は　長閑《のどか》なりけり

次の和歌も同じような心情がこもっている。

思いきや　辛く憂かりし　世の中を　学びて安く　楽しまんとは

ただ、残念なことに、藤樹は長寿を授からなかった。妻に先立たれてから二年後の一六四八年秋、四〇歳でその人生にふさわしい最後を迎えた。死期が迫っているのを悟った藤樹は、門人を呼び集めた。そしていつものように正座してこう告げた。

「世を去る時がやってきたけれども、どうかこの道がこの国から消え去ることのないようにしてもらいたい」

そうしてこの世を去った。近隣の人々はこぞって喪に服した。師に敬意を表して、諸大名からは代理の者が遣わされた。国を挙げての葬儀となり、徳と正義を愛する人々はみな、日本にとって大きな損失である藤樹の死を悼《いた》んだ。

数年の後、藤樹が住んでいた家は、村人たちが修理した。それは今日まで大切に保存されている。藤樹の名を冠した神社も建てられた。また、年に二回、記念の祭りも開催されている。藤樹の墓を訪れる人があれば、村人たちが簡素な礼服をまとって案内してくれることだろう。その三〇〇年も前に生きていた人が、どうしてこれほどの尊敬を受けるのだろうか。そう、問われると、村の人々はきっとこう答えるに違いない。

「この村の近辺では、父は子に優しく、子は父に孝行を尽くします。また、兄弟は互いに仲良くしています。家では怒鳴り声などついぞ聞かれません。みんな穏やかな顔つきをしています。これはひとえに藤樹先生の教えと、後々にまで及んでいる影響のおかげです。この村では誰もが、先生のことを感謝の気持ちを込めて敬っております」

現代の私たちは、「影響」を及ぼそうとして、太鼓を叩いたり、ラッパを吹いたり、新聞に広告を出すなどして大騒ぎをする。けれども、本当に「影響」を及ぼすとはどういうことなのか。この人物に学んだほうがいいだろう。

バラの花は、自らの香りを知らない。同じように藤樹も、自らの影響力を知らなかった。そんな藤樹のように静かに暮らすことができないとしたら、どうだろう。たとえ一生、ものを書こうが、教え諭《さと》そうが、わめいて仰々しく主張しようが、せいぜい畳一枚ほどの墓場のほか何も残らないだろう。

かつて藤樹はこう言った。

「谷の窪地にも、山あいにも、この国のいたるところに聖賢はいる。ただ、その人は自分を現さないから、世に知られない。それが真の聖賢というものだ。世に名前が響き渡った人々は、結局、取るに足らない人物なのだ」

幸か不幸か、藤樹の名は「世に響き渡って」しまった（もちろん当人の思いとは裏腹だったことは言うまでもない）。気高い目的を持って生きていれば、目立たない人生であっても影響を与えられる。その真実を、私たち誰もが藤樹から学べるのではないだろうか。

「人里離れた村」の学校で、「古くからの日本」を、ありとあらゆる俗っぽさから守ってきた人々。こうした人たちこそ、聖人だったのだ。翻って、いまの日本の教育制度はどうだろうか。徳や日本人の精神といったものを、通りいっぺんにしか教えてはいない。これで私たちの間にはびこっているさもしさを、うまく抑え込むことができるのだろうか。どこかで叫ぶ声が聞こえてきそうだ。

「血はみんな頭に上ってしまった。手足には血が通っていない。もうすぐ脳出血で死んでしまう」

そうならないためにも、たくさんの藤樹がこの国に現れることを期待したい。

第4章　中江藤樹——村の先生

◇あなたは中江藤樹の徳・信念をどう読み解きますか？

第5章

日蓮上人

――仏僧

【日蓮（にちれん）】

1222～1282年　日蓮宗の開祖。安房小湊の漁師の子として生まれ、16歳で出家。鎌倉や比叡山などで諸教学を学んだが、伝統的仏教の教理に疑問をいだき、その後、故郷に帰って『法華経』を開く。『立正安国論』を著し、辻説法で他宗を激しく攻撃したために迫害を受け、伊東、佐渡に遠島。晩年は身延山に隠棲しながら絶えず布教に努めた。

1

日本における仏教

宗教は人間にとって、最大の関心事だ。信仰を持たない人など、考えられないと言っていいだろう。人間とは奇妙なものだ。自分ができることよりも、はるかにたくさんの願いを抱く。そして、この世がもたらしてくれる以上の望みを求めがちだ。だから、行動を起こすかどうかはともかく、せめて頭の中だけでも、願望と現実とのずれによる矛盾を始末しておかなくてはならない。

実際、「あの人は無宗教だ」という話はよく耳にする。だが、それはその人たちが特定の教義を信じていないだけだ。あるいは、自分を導く教団を認めないだけだ。そして、木や金属でこしらえたり心に描いたりした偶像を、神様として崇拝していないだけのことだ。そういう人たちでも、ちゃんと信仰心は持っている。彼らだって心の内に不可解なものが潜んでいるわけだ。それを、例えば金儲けや飲酒といった自分なりのやり方で、どうにか手なづけているにすぎない。

信仰とは、人生をどう解釈するかということだ。みんなそれなりのやりかたで、人生をとらえようとしている。この争いの世の中で幸せに生きていくためには、それがどうしても必要なのだ。

さらに、死というとても重要な問題がある。死は、貧しい者にとって希望であり、豊かな者にとっては恐怖だ。死こそ、何よりも大きな問題である。

「死のあるところ、宗教あり」

これは、人間の弱さを示す、まぎれもないしるしだろう。ただし、それだけだとは言い切れない。宗教は、人間の誕生の尊さと、私たちの中に何か不滅なものが潜んでいるという確かな証でもある。

「死によって、死ぬのではない」

これこそアダムの子孫である人類が、あこがれてきたことだ。信仰心が強いことで知られるヘブライ人やインド人と同じように、日本人もその思いは強い。

私たちに日本人は、二五〇〇年もの間、「キリストの復活」という信仰の一種について知らなかった。それでも、よい宗教があったお陰で、死を乗り越えてきた。どうにかこうにか、あるいは人によってはとても立派なやり方で、死を克服してきたのだ。

私たちはこの麗《うるわ》しい国を住処《すみか》としてきた。心躍る春は、桜の花がいっそう引き立てる。また、澄み切った秋は、紅葉で彩られる。そんな環境で穏やかに暮らすことを、日本人はこの世の定めとしてきた。生きることが重荷になることは、ほとんどなかったのだ。それだけに、死は一層悲しいものだった。

「千代に八千代に」生きたい。そう願えば、死を思う苦悩は倍増した。その苦しみを和らげるものは、この世よりもっとよいところへ導いてもらえる、という信仰しかない。例えば神道なら、神々がいる常世《とこよ》だ。仏教なら、極楽浄土《ごくらくじょうど》の蓮《はす》の園だろう。日本人が死を恐れたのは、臆病からではない。それよりも、この美しい国への愛着が大きかったからだ。天の定めによって、この愛する生まれた地

ヘブライ人
ヘブライ語のイブリーに由来する古代イスラエル人の別名。「越えてゆく」「進みゆく」などの意味をもつ動詞イブルから転じて、「川（ユーフラテス川）の向こうからきた者」を意味する。

から召される時のために、身をゆだねる宗教が必要だったのだ。

日本人は独自の宗教をもっている。それは、かつて中央アジアを起源とする日本人の祖先が持ち込んだ可能性が高いといわれる。が、そもそもどういう性質の宗教だったかは、わかっていない。最近になって、モーゼの宗教と似ているという指摘があった。あるいは、イスラエルの失われた一〇支族の一つを日本人と重ね合わせようとする試みもなされた。どういうものだったにせよ、それに取って代わる存在となったものがある。それは、日本の独自の宗教よりもはるかに複雑で、洗練されていたインド起源の宗教である仏教だった。

かの国の宗教が初めて日本に入ってきた時の影響力は、容易に想像がつく。豪《ごう》華絢爛《かけんらん》な儀式、極端な神秘性。そして奔放かつ迷路のように込み入った思索。それらは、純真な日本人を驚愕《きょうがく》させたに違いない。無知な人々の目を見張らせたのは、もちろんだった。また、博学な人たちは、知性を刺激された。これは統治する者からすれば、目的にかなう宗教だといえた。むろん、外来の宗教を大々的に受け入れることには、愛国心から反対する者もあった。けれども、このインドの教えは国中に広まっていった。少なくとも一時、古来の信仰はまったく隅に追いやられた。そして新しい信仰が、何世紀にもわたって盛んになったのだった。

モーゼ
前13世紀頃のイスラエル民族の指導者。旧約聖書「出エジプト記」によれば、神の啓示によりイスラエル民族を率いてエジプトを脱出し、神ヤーウェとの契約により「十戒」を授けられた。大放浪を経て約束の地カナンを目前に没したとされる。

仏教が日本に伝来したのは、第二九代欽明《きんめい》天皇の治世の一三年のことだった。西暦では五五二年、仏暦で言うと、釈迦入滅《しゃかにゅうめつ》後一五〇一年にあたる。そして早くも五八七年には、聖徳太子《しょうとくたいし》の手によって大阪難波《なんば》に四天王寺が建立《こんりゅう》された。聖徳太子は日本が生んだもっとも聡明な皇子であり、「日本仏教の父」とされる。

次の七世紀になると、全国で仏教への改宗が相次いだ。歴代の天皇も率先して仏門に帰依《きえ》した。ちょうどそのころ、中国では、唐の名僧、玄奘《げんじょう》が指揮する仏教復興運動が起こっていた。フランスの哲学者バルテルミ・サンティレールは、インドを目指した玄奘の冒険旅行を生き生きと描いている。日本からは、学僧たちが海を渡って唐へ派遣されていった。そして、仏教の教義を求めてその発祥の地まで赴いた玄奘のもとで学んだ。

奈良時代を迎えると、歴代の天皇は、仏教を手厚く保護した。壮大な伽藍《がらん》は、当時と変わらない名を持つこの古都の魅力となっている。これは、当時まだ珍しかった仏教が日本に入るやいなや、瞬く間に勢いを得ていったことを物語っている。

しかし、日本に仏教への関心が本当に高まったのは、九世紀の初頭とされる。つまり最澄《さいちょう》と空海《くうかい》が、おのおの自分の選んだ宗派を究めて、留学先の中国から

第二九代欽明天皇
6世紀の天皇で、生年は6世紀初めごろと考えられる。『古事記』『日本書紀』によると、継体天皇の嫡子で母は皇后手白香皇女。異母兄の宣化天皇の死を受けて539年に即位したとされる、

釈迦入滅
仏教の開祖。釈迦牟尼が没したことを指す。生没年には諸説あって定めがたいが、前565年―前486年説、前465年―前386年説などが有力とされる。入滅は滅度すなわち涅槃に入ることを意味し、高僧の死に用いる。

聖徳太子
574～622年　飛鳥時代、推古天皇の摂政で用明天皇の皇子。名は廏戸豊聡耳皇子。聖徳太子は諡名で上宮王ともい

帰国してからだった。折しも、桓武《かんむ》天皇は奈良から京へ都を移したばかりだった。天皇は、寺院を建立するのに好立地の土地だけでなく、寄付金や、さらにいろいろな特権を最澄と空海に与えた。

最澄は、比叡山に延暦寺《えんりゃくじ》を建てた。ここは、新しい京の都の鬼門《きもん》にあたる北東の方角となる。一方の空海は、高野山に金剛峯寺《こんごうぶじ》を建てた。こちらは紀伊国だ。それに加えて空海は、都の南端にも寺領を授かった。今も、京都駅の真南に塔がそびえる有名な東寺《とうじ》がある。ここは空海が建立したものだ。七八八年に比叡山、八一六年に高野山が開山し、これをもって、日本に仏教がしっかりと根付いたといえる。今日に至るまで、仏教をしのぐ宗教は日本にはない。二人の開祖が、仏教の基盤はそれぞれの本山のように揺るがないのだと考えたのも不思議ではない。

こうして九世紀の初めには、いわゆる「仏教八宗派《ぶっきょうはっしゅうは》」というものが、この国に確立された（なじみのない人に紹介しておこう。八宗とは、一．三論《さんろん》、二．法相《ほっそう》、三．華厳《けごん》、四．律《りつ》、五．成実《じょうじつ》、六．倶舎《くしゃ》、七．天台《てんだい》、八．真言《しんごん》を指す）。空海が没してから四〇〇年間は、日本に新しい宗派は起こらなかった。また、新たに伝来することもなかった。そして「八宗」は、それぞれ勢力と影響力を拡大し

う。冠位十二階や十七条憲法を制定し、国史の編纂や小野妹子を隋へ派遣して国交を開き、大陸文化導入に努めた。

玄奘
602～664年　中国、唐代初期の僧。経典漢訳者の代表的人物で、後世、法相・倶舎両宗の開祖とされる。西遊記の三蔵法師として有名。

バルテルミ・サンティレール
1805～1895年　フランスの哲学者、政治家。

奈良時代
710年に奈良の平城京に都が移り、主には784年に長岡に都が移るまでの奈良に都があった時代を指す。

ていった。中でも、最澄の宗派である天台宗がもっとも大きくなった。だが、宗教組織が力を蓄えると、いろいろな腐敗も生じてくる。ここ日本でも例外ではなかった。やがて、僧侶たちは「天皇をもしのぐほどの存在」となっていった。ある天皇は、僧侶に対するいらだちを表す有名な言葉を残している。

「思い通りにならないものが二つある。賀茂の流れと山法師《やまぼうし》（比叡山の僧）だ」

天皇も貴族も先を争うように、自分が帰依する寺院を建立した。そして寄進を行い、華やかに境内を飾ったりした。山門、塔、六角堂、鐘楼《しょうろう》といった壮大な寺院建築は、今も京都とその近郊に数多く残っている。これらは、かつて日本で隆盛を極めた仏教の一大史跡となっている。

一二世紀の終わり、長い内乱を経て、ようやく日本に平和が訪れた。そして宗教や思想にも新しい息吹が吹き込まれた。僧侶がかつて手にしていた世俗権力は、将軍の頼朝《よりとも》によって取り上げられた。それでも、民衆の精神的な指導者として、相応の敬意が払われた。

その結果、知、徳共に優れた学僧が次々と登場した。頼朝の後に幕府を継承した北条《ほうじょう》氏も大部分が、仏教を厚く信仰していた。が、北条氏は、その頃の各宗派が華美で虚飾《きょしょく》に走っていたことにうんざりしていた。そこで、まったく新し

伽藍
僧伽藍摩の略で、寺の建物、特に大きな寺院を指す。

最澄
767～822年　平安初期の僧で天台宗の開祖。伝教大師、叡山大師、根本大師などと称する。

空海
774～835年　平安初期の僧で、真言宗の開祖。弘法大師と称する。

桓武天皇
737～806年　奈良・平安時代前期、第50代の天皇。在位は781～806年。

延暦寺
滋賀県大津市にある天台宗の総本山で、山号は比叡山。788年に最澄が一乗止観院として創建した。

い仏教を中国から導入した。それは、瞑想《めいそう》を主軸とした禅宗《ぜんしゅう》だった（一二〇〇年）。北条氏は、京都を初め鎌倉、越前《えちぜん》に大寺院を建立し、この新しい宗派を全国に根付かせようとした。そして禅宗は、上流階級や知識層を魅了した。奥深く、どこまでも思考を巡らすという特色が歓迎されたのが理由だ。それは、儀式を誇示するそれまでの宗派と対照的だった。

一方、民衆も何らかの信仰を渇望《かつぼう》していた。高度に知的な禅宗でもなく、荘厳すぎて近寄り難くなったそれまでの宗派とは別のもの。そうした信仰を民衆にもたらしたのが、源空《げんくう》（法然上人《ほうねんしょうにん》）だった。この仏僧は、一二〇七年頃から、浄《じょう》土宗《どしゅう》という宗派を民衆に広めていった。これは、仏陀の名を唱えるだけで浄土へ行くことができるという教えだ。そのため念仏宗《ねんぶつしゅう》とも呼ばれた。

「南無阿弥陀仏《なむあみだぶつ》（阿弥陀仏に身を捧げ、帰依します）」

この文言を、鈴の音に合わせ、独特の節回しで唱和するだけでよかった。時には踊りながら唱えることもあった。こんなふうに浄土宗は、それまでのいかめしい信仰の形とはかけ離れ、まったく新しい特徴を備えていた。

この浄土宗の分派として、真宗《しんしゅう》が生まれた。これは、同じ頃、範宴《はんえん》（親鸞聖《しんらんしょう》人《にん》）が始めたものだ。広く民衆の信仰を集め、他の宗派をことごとくしのぐ勢い

鬼門
陰陽道で邪悪な鬼が出入りするとして万事に忌み嫌われた方角。丑寅（北東）の隅を指して表鬼門とし、その正反対の未申（南西）の方角は裏鬼門とされる。

金剛峯寺
和歌山県高野山にある高野山真言宗の総本山で、山号は高野山。空海が唐から帰朝後の816年に建立し、開祖となる。

東寺
京都市南区九条町にある寺で、東寺真言宗の総本山。正しくは金光明四天王教王護国寺秘密伝法院（略して教王護国寺）という。

頼朝
1147～1199年鎌倉幕府初代将軍、源頼朝。武家政治の創始者。

だった。この真宗には、画期的ともいえる特徴がある。それは、僧侶を一生不犯《ふぼん》の禁から解き放ったことだ。このように戒律《かいりつ》をかなりゆるめることで、僧侶も普通の生活の喜びを享受できるようになったのだ。こうして仏教は世俗化してゆき、一般庶民へぐんと近づくことになった。もう、布教のために国家の権威を借りる必要はなくなった。仏教は民衆の間で影響力を持つようになったのだ。実際、後世にとても大きな影響を及ぼすこととなった。

浄土宗のもう一つの分派に、時宗《じしゅう》がある。浄土宗、浄土真宗、時宗の浄土三派は広く民衆に受け入れられた。ちょうど、知識階層に浸透していた深遠な禅宗とほぼ同じ時期のことだった。

この後すぐ、もう一つ新しく宗派が生まれた。日本の仏教は、これで一二の宗派となった。このように一三世紀は、日本の仏教にとって、最大で最後の隆盛期となった。そしてインドを起源とするこの宗教の、この国における再形成期と見ることができる。この当時ほど多く、啓蒙《けいもう》の光がさした時代はない。この時代に信念と共に語られた教えを、日本人は今も熱心に聞いているのである。

しかし、信仰への情熱は、多くの国がそうであるようにこの日本でも迷信《めいしん》とともに消えてしまった。今の私たちは、非科学的な存在であるものを恐れる。目に

北条氏
戦国時代の武家、東国武士団の一つ。鎌倉幕府の執権を務めて以降、5代100年に渡り関東・伊豆に君臨したが、1590年豊臣秀吉の小田原攻めに敗れ滅亡した。

禅宗
仏教の一派。座禅を修行し、内観・自省によって心性の本源を悟ろうとする宗門。達磨が中国に伝え、日本には鎌倉初期に栄西が臨済禅、道元が曹洞禅を、それぞれ入宋ののち伝えて盛んになった。

源空（法然）
1133〜1212年
平安後期〜鎌倉時代の僧で浄土宗の開祖。

浄土宗
源空を開祖とし、阿弥陀仏の極楽浄土に生まれて悟りを開くことを目的と

見えるものに頼りがちな、弱い人間になってしまった。しかし、今ほど知識はなかったけれど誠実で、雑事に煩《わずら》わされず立派に人が生きていた時代があった。今の私たちは、そのわずかな名残にすがって行動をしているに過ぎない。もっと気高い振る舞いと、献身をうながす天地の声が聞こえてくるようだ。それなのに、私たちは形ばかりの信仰を誇示《こじ》し、安逸《あんいつ》をむさぼるばかりだ。そんな私たちの至らなさを恥じ入るために、ここに一人の偉大な人物を取り上げることにしたい。

2 誕生から出家まで

貞応《じょうおう》元（一二二二）年の、ある春。太陽は波立つ水平線に上った。地上の国々の中でも、もっとも東の地は朝焼けに染まった。ちょうどその頃、この安房《あわ》の国の東端の岬にほど近い小湊《こみなと》村の漁師の家に、一人の男の子が生まれた。父親は政治向きの理由でこの地に逃れ、貧しい漁師としてひっそりと生計を立てていた。母親も低い身分の出ではなかった。お天道様を一心に敬い、男の子を授かれるようにと、長い間願っていた。そしてついに願いはかなった。両親は、子ど

する仏教の一宗派。

真宗 源空の弟子の親鸞を開祖とする浄土教の一派で、阿弥陀仏の浄土に生まれて悟りを開くことを目的とする。

範宴（親鸞） 1173~1262年 鎌倉初期の僧で浄土真宗の開祖。唯円編さんの法語集「歎異抄」は有名。

一生不犯 仏教の戒律を守り、一生を通して異性と交わらないこと。

時宗 浄土教の一宗派で、平生を臨終の時と心得る念仏系の一派。

安房の国 旧国名の一つで、上総国から分国。現在の千葉県南部を占める地域。

もを授けてくれた神にちなんで、生まれた子を善日麿《ぜんにちまろ》と名付けた。後の日蓮である。このことは、その子がこの世での使命を果たそうと決意する際に、大いに関係することとなる。だが、それについては後で触れよう。

日蓮《にちれん》の誕生にまつわる不思議な出来事や奇跡は、枚挙にいとまがない。例えば、清らかな泉が漁師の家の庭に湧き出し、出産の不浄を洗い流した。あるいは、並外れた大きさの白蓮《びゃくれん》が一輪、季節外れなのに咲いて芳香を放ったと伝えられている。今の私たちは、こうした話を信心深い時代の想像の産物と片付けてしまう。それでも、日蓮が誕生した年について、あえて触れよう。この信仰に燃えた若者は、後に国を救うという気高い目的に向き合うこととなる。その際、日蓮自身が自らの生まれた時期について何度も考えを巡らせたからだ。

日蓮生誕の年は、仏陀が入滅してから二二七一年。最初の「正法《しょうぼう》千年」が終わり、次の「像法《ぞうぼう》千年」が過ぎ、最後の「末法《まっぽう》千年」にさしかかったばかりだった。一条の光が東方に現れて、末法の世の暗黒を照らす。そう、仏陀が預言をした年だった。

また、善日麿が生まれた（陰暦）二月一六日は、仏陀の生涯でも大きな出来事があった次の日となる。すなわち仏陀の入滅が二月一五日だった。こうしたいく

小湊村
千葉県鴨川市東部の地名で、鯛ノ浦に臨む漁港町。

正法千年
仏の教えがよく保たれ、正しい修行によって悟りが得られる時代。

像法千年
正法に似た仏法が行われる時代。教法と修行者は存在するが、正しい修行が行われないため悟りを開く者が出ない時期。

末法千年
仏法が行われなくなる時代。教法は存在するが、修行を行う者がなく同時に悟りの証も得られない時期。最後の退廃期。

つかの符号は、日蓮のような心を持つ者にとって、とても意味があっただろう。

善日麿が一二歳になると、信心深い両親はこの子を僧侶《そうりょ》にしようと決めた。彼には、幼少期の非凡さを物語る逸話がいくつも残っている。やがて大人になって行ったことを考慮するなら、これらは信じるに足るものだろう。

また、漁師に身をやつし、世を忍ぶ身の親にしてみれば、これは順当な選択だ。わが子を世に出す機会として、僧という職に就かせようと思い立ったのは、何の不思議でもない。社会には厳しい差別があった時代だ。宗教の道は、低い身分に生まれた天才が世に出られる唯一の道だったのだ。

生まれた場所からそう遠くない場所に、清澄寺《せいちょうじ》という寺があった。住職は道《どう》善《ぜん》といい、学徳の高さで地元の信望を集めていた。善日麿はこの寺へ連れていかれた。そしてこの慈悲深い師に預けられることとなった。道善も、善日麿には特別な期待をかけていたようだ。

善日麿は、四年の修行を終えると、一六歳で得度《とくど》した。正式に僧侶となり、名を蓮長《れんちょう》と改めた。この時、師の道善は、この若い弟子の非凡な才能を見抜いていた。そして、できれば寺の後継者にしたいと考え始めていた。若い蓮長は、両親の希望であり、師の誇りでもあることに変わりはなかった。けれども、そうし

清澄寺
千葉県鴨川市清澄にある日蓮宗の寺。山号は千光山。

得度
剃髪出家すること。本来は悟りの世界に渡ることを意味した。

た外見とは裏腹に、隠れて見えない心の中では、葛藤《かっとう》が続いていた。そしてとうとう生まれ故郷を後にした。若者は悟りを求めて、諸国行脚《あんぎゃ》の旅に出たのだった。

3 暗黒の内と外

蓮長は仏教の基礎的な知識を学ぶにつれ、解決を迫られる疑問がいくつもわいてきた。そのうちもっとも大きな疑問は、どうして仏教には無数の宗派があるのかということだった。彼は自問した。

「仏教は、一人の人間の生涯と教えから始まったはず。それがどうして、これほどたくさんの宗派や分派に分かれているのだろう。仏教とは一つのものではないのか。周りを見回すと、どの宗派もお互い非難し合っている。仏陀の真の心にかなっているのは自分の宗派だけだと主張をしている。これはいったいどういうことだろう。どこの海の水もみんな同じ味だ。仏陀の教えだって二通りあるはずがない。どうして宗派に分裂していったのだろう。そしてどの宗派が、自分の歩むべき仏陀が説いた道なのだろう」

これが蓮長にとって最初で、最大の疑問だった。まさしく当然の疑問だろう。今の私たちも、仏教だけではなく、他の宗教についても同じような疑問を抱いているのだから。このような葛藤を抱えていた蓮長の気持ちは痛いほどわかる。

彼が師と仰いだ道善を始め、誰もこの疑問を解いてくれることはなかった。そのため、いきおい念仏に明け暮れる日々が続いた。ある日、とりわけ信仰していた菩薩堂《ぼさつどう》で祈祷《きとう》を行った帰り道のこと。蓮長は心の重みに耐えかねて倒れ、大量の血を吐いてしまった。仲間に助け起こされ、しばらくしてからようやく意識を取り戻した。この時倒れたとされる正確な場所は、今でもよく知られている。近くの竹藪の葉がうっすら赤みを帯びているのは、この時飛び散った血で染まったからだと伝えられている。

ある晩のことだ。彼は仏陀が入滅する直前に語ったといわれる「涅槃教《ねはんきょう》」を熱心に読んでいた。すると、次の言葉が蓮長の目にとまった、それは、迷い苦しんでいた心に、いい知れない開放感をもたらしてくれた。

「依法不依人《えほうふえにん》（真理の教えを信じ、人に頼るな）」

つまり、人がどんなに仰々しく、もっともらしいことを言ったとしても、信じ

涅槃
仏教の究極的目標である永遠の平和や最高の喜び、安楽の世界を意味し、煩悩の火を消して、智慧の完成した悟りの境地をいう。

てはならない。仏陀の遺した経文《きょうもん》をこそ、信じるべきだ。どんな疑問も、経文だけに頼って解決していかなければならない、という意味だ。これを見た蓮長の心は安らいだ。ようやく、心のよりどころを見つけた瞬間だった。それまでは、どれもこれも、足下が沈んでいく砂地のようなものだったのだ。

この日本の僧侶の話を聞いて、思いあたることがあるという方もおありだろう。ドイツのエルフルトにある修道院で四〇〇年前にあったことだ。あのドイツの若き修道士ルターがそうだった。彼もまた「意識を失う」ほどに、多くの疑問を突き詰めていった。そのあげくに、古いラテン語の聖書がふと目にとまった。そこに彼は安らぎを見いだし、以後はそれを自身の信仰と人生のよりどころとして忠実に守り抜いたのだった。

しかしながら、蓮長の場合、もっと問題が込み入っていた。それは権威ある経典とはどれを指すのか。そこがルターの場合ほど単純ではなかった。ルターにとって、頼れる聖書は一つで済んだ。けれども蓮長にとっては、経典《きょうてん》が多数あった。中にはお互い矛盾をきたすものも含まれていた。その中から、もっとも権威がある経典を自分で選ばなければならなかった。それでもこれが比較的容易な作業だった理由は、当時はいわゆる高等批判がまったく浸透していなかったことが

エルフルトにある修道院
ドイツ中央部、チューリンゲン州の州都。エアフルトともいう。

ルター
１４８３～１５４６年ドイツの宗教改革者マルティン・ルター。１５１７年に教皇庁による免罪符発行を批判する「９５カ条の意見書」によって教皇から破門されたことをきっかけに、宗教改革運動が始まった。

高等批判
事実確定、文書の根拠を目的とする学問的な研究。

挙げられるだろう。したがって、理由や謂《い》われを問うことなく、個人の記録をそのまま信じればよかった。蓮長にとっては、ある経典の中に、大乗《だいじょう》、小乗《しょうじょう》を問わず、あらゆる優れた経典の年代順が記されていることがわかっただけで充分だった。その年代順とは、まず、仏陀が初めて民衆に説法をした言葉が収められた「華厳経《けごんきょう》」から始まる。それから（一）仏陀が出家してから最初の一二年間の教えが収められた「阿含経《あごんきょう》」、（二）次の一六年間の教えを収めた「方等経《ほうどうきょう》」、（三）それに続く一四年間の教えを収めた「般若経《はんにゃきょう》」、（四）そして仏陀の生涯の最後の八年間の教えを収めた「妙法蓮華経《みょうほうれんげきょう》」、またの名を「法華経《ほけきょう》」である。この順序に着眼すると、最後の経典に仏陀の生涯にわたる教えの神髄《しんずい》が込められていると結論づけるのも当然だろう。日蓮の言葉を借りるなら、そこには「万物の原理、永遠の真理、仏陀の本来の姿とその悟りの力」がある。だからこそ「妙法蓮華経」という美しい名がついているのである。

とはいえ、ここで仏教の経典を年代順に正しく並べたり、一つひとつの価値を比べて批評的に考察したりするつもりはない。ただ、蓮長が重きを置いた「妙法蓮華経」が、仏陀が入滅してから五〇〇年も後に作られたこと。また、先ほど取り上げた経典の年代順を記した「無量義経《むりょうぎきょう》」は、こうした新しい経典に信憑《しんぴょう》

大乗
仏教の二大流派の一つで、自己の解脱だけを目的とするのでなく、すべての人間の平等な救済と成仏を説き、それが仏の真の教えの道であるとするもの。

小乗
自己の悟りを第一とする教えで、自己の宗教的完成を優先し他者救済を軽視するもの。

性《せい》と、最高の権威を与える目的で記されたものだと言いたい。

いずれにしても、私たちがここで知りたいのは、蓮長がここに書かれた年代順に経典をとらえていたこと。その上で「妙法蓮華経」を、仏教を信仰するよりどころとしたこと。そして仏教には矛盾した考え方がたくさんあるが、それを単純明快に説明する言葉を見つけたこと。これさえわかれば充分だろう。

この結論に達した時、蓮長には喜びと感謝の気持ちがわき上がり、目には涙があふれた。蓮長は、ついにこう思った。

「父と母の元を去り、この素晴らしい教えに私は身を捧げた。凡庸《ぼんよう》な僧侶たちが伝えた古い教えにしがみついてどうする。仏陀自身の金言《きんげん》を求めようとしなくていいのだろうか」

この神聖な志が芽生えたのは、二〇歳の時だった。これ以上、田舎の寺に引きこもっているわけにはいられなかった。蓮長は師、道善と寺の僧侶たちに別れを告げた。そして、深く、広く、真理を究めるため、果敢《かかん》に世に乗り出していった。

蓮長が最初に向かったのは、当時、幕府があった鎌倉である。首府に足を踏み入れた一介の田舎僧は驚いた。目にするものも、耳に入る教えも奇異に感じられた。鎌倉の都は、寺院はそれは立派だし、僧侶は仰々《ぎょうぎょう》しく飾り立てていた。けれども、どれも偽りに満ちているようだった。禅宗は上流階級に、浄土宗は庶民階級に信仰されていた。だが、禅宗は空理空論《くうりくうろん》の泥沼に陥っていた。また浄土宗は、阿弥陀への盲信に夢中となり、仏陀の教えはどこにも見あたらなかった。それどころか、仏像がおもちゃとして子どもに与えられていた。また、想像上の存在でしかない阿弥陀仏を本尊にして、好き勝手に仏陀崇拝と称しているありさまだった。さらには、僧衣をまとった人々が公然と恥ずべき行為をしていた。また、それを自慢したりしていた。こうした人々が、救いは徳行や修養にあるのではなく、阿弥陀の名を唱えるだけでよいと教えていたのだ。そのために、「南無阿弥陀仏」と人々が騒々しく唱えるそばから、目に余る放蕩《ほうとう》ぶりが横行していた。

蓮長は、この鎌倉で五年間見てきたことを通じて確信した。すでに「末法の世」が到来していること。そして、新しい時代に光りをもたらすには、新しい信仰が必要なこと。ちょうどその頃、誰からも尊敬されていた大阿上人《だいあしょうにん》が、全信徒を震え上がらせるような死に方をした。

上人の亡骸《なきがら》は「子どものように小さく」縮こまっていた。また、その肌は「墨

大阿上人
日蓮が鎌倉において最初に浄土宗の話を聞いたとされる僧。

のように黒く」変色していた。それは、上人が地獄へ落ちたという、疑いようのないしるしに見えた。そして、その教えは悪魔の教えである証拠だった。さらには、あの、空の怪しさは一体何なのか。西の空に、赤と白の三本の筋がくっきりと立っていた。二本の白い筋はやがて消えたが、赤い筋は「天をつく火柱のように」そびえたままだった。折から、激しい地震が起きた。あちこちの寺は倒壊し、人も動物もその下敷きになって苦しみあえいだ。救済のために建てられたはずの寺院だったにもかかわらずだ。

「すべては、この国で真の教えが説かれなかったからだ。誤った教えが横行《おうこう》し、それをみんなが信じた。自分こそ、この国に信仰をよみがえらせる使命を与えられた人間ではないのか」

蓮長は、こうした思いを抱いた。

「首府《しゅふ》は教えを広めるところではあっても、学ぶところではない」

彼は賢明に判断をし、鎌倉を後にした。

両親の元に立ち寄った後、蓮長はさらに知識を求めて旅立った。

京都の鬼門の方角にそびえる比叡山。ここは、天皇がいる都を、あらゆる悪霊から守っている。そして過去一千年の間、この国における仏教修学の中心地だっ

激しい地震
1293（正応6）年4月12日に関東地方を中心に発生した地震。鎌倉大地震、建長寺地震などと呼ばれている。

た。海抜八〇〇メートル、高い杉林に囲まれ、穏やかな琵琶湖《びわこ》を眼下に望む場所だ。この地で、釈迦の説いた道が探求され、熟考され、伝えられてきたのだ。おそらく、山全体が活気に満ちた集落のようだったことだろう。なにしろ全盛期には、三千人もの屈強《くっきょう》な僧兵を擁していたのだ。

あの源空（法然）もここで学んだ。やがて彼は、この比叡山で教えられていた教義に反する宗派を開いた。それは一般大衆にわかりやすく、広く信者を集めていった。また、源空の弟子、範宴（親鸞）も比叡山の学僧だった。信仰の奥義を体得し、全国に名をはせた多くの僧と共にここで学んでいる。後に範宴は、真宗の開祖となった。そして今、蓮長も、日本に真の仏教を広めようという志を抱いてこの山へ学びに来た。安房の国の漁師のあばら家から、六〇〇キロの道程を歩いてやってきたのだった。

蓮長は、ここで研究しうるあらゆる機会を活かした。そして、手当たり次第、何でも貪欲に吸収した。とりわけ打ち込んだのは、自分が奉じる経典、法華経だった。比叡山では、法華経の貴重な写本や注釈書を読むことができた。実は、この比叡山を総本山とする天台宗は、法華経を重んじていた。

いわゆる、天台宗「六〇巻物」と呼ばれるものがある。文字通り、六〇巻から

琵琶湖
滋賀県中央部にある日本最大の淡水湖であり、断層陥没湖。

なる法華経だけの注釈書だ。法華経のあまりのすばらしさに、中国の天台宗開祖である天台《てんだい》は、三〇巻もの注釈書を記した。その弟子、妙楽《みょうらく》は、師の注釈に飽き足らず、さらに三〇巻を書き加えた。そのうちの一〇巻は、この経典の名前を構成している漢字六文字について、一字ずつ論じている。私たちは格別に素晴らしいと思えないこの経典が、昔の人にとっては、それほど意味深いものに思えたのだ。

蓮長は一〇年にわたり、比叡山にとどまった。その間、難しい問題に取り組んだ。私たちは、彼の達した結論しか言及することはできない。今や蓮長は、法華経があらゆる経典にまさって優れていること。それは、比叡山の開祖、最澄によって原形のまま日本にもたらされたこと。しかし、その後、比叡山の僧侶たちによって価値を低く見られてきたこと。蓮長は、こうした事実をはっきりと認識するようになった。その確信を、さらなる研鑽《けんさん》を通じて強めようと彼は考えた。そうして何度も京都に足を運んだ。また、奈良や高野山へも出向いたりした。その結果、もう何の疑問の余地もないことが明らかになった。蓮長は自分の生涯を、この法華経に捧げる覚悟を決めた。

ある時、蓮長の目の前に、日本の主だった神々がことごとく姿を現した。

天台
538〜597年　中国
隋の僧、智顗。

妙楽
711〜782年　中国
唐の僧、湛然。

斯人行世間《しにんぎょうせけん》　能滅衆生闇《のうめつしゅうじょうあん》

こう唱和する神々の声が聞こえた。しかし、蓮長は、神が自分に微笑む幻影、あるいは神の訪問を経験しただけの、単なる神秘主義者ではなかった。

蓮長は、今や三二歳となっていた。友もなく、名もなかった。けれども独立不屈の精神があった。真宗を開いた範宴のような、人に誇れるほどの家柄もなかった。後年、「海辺のいやしい生まれ」と自ら語っていたように、漁師の子に過ぎなかった。あるいは、最澄や空海といった名高い学僧のように、海外で仏教を修めたわけでもなかった。どんな分野の学問にせよ、海外留学がもっとも重要なのは、当時も今も変わっていない。あたかも秘密を解く鍵の持ち主として日本で認められるために、留学は必至だった。

後ろ盾も一切なかった。ましてや、他の宗派の開祖たちのほとんどがふんだんに賜っていた天皇庇護《ひご》など、まったくなかった。蓮長は自らの力だけで、あらゆる種類の権力に抗《あらが》った。当時、勢力を持っていた宗派とはまったく別の思想をひっさげて、立ち向かったのだった。

日本の仏僧で、経典と仏法のために命をかけて立ち上がったのは、蓮長ただ一人だ。その後に続く例は一人としていない。蓮長の生き方に関心が寄せられるの

斯人行世間～「この人が世を巡り、人々の内にある闇を滅ぼす」の意。

は、その教義によるものだけではない。非難をものともせず、自分の信じた教えを掲げ続けた勇敢な生き方が、私たちを引きつけるのだ。日本で、本当の意味での法難《ほうなん》は、この蓮長をもって始まったのである。

4 自らの見解を表明する

「預言者、故郷にいられず」と言われる。それなのに預言者は決まって、世に出る一歩を故郷から踏み出している。これは悲しいことだが、事実である。この世に家なき身なのに、かつての我が家にどうしても惹かれるのだ。どんなひどい目に遭うかわかっていながら故郷へ向かう。それはあたかも、鹿が谷川の流れを慕って下っていく姿のようだ。排斥され、礫で打たれ、追い払われるのが関の山にもかかわらずだ。蓮長が辿った道も、やはり同じだった。

小湊の粗末な家に戻ると、両親が帰りを待ちわびていた。けれども、最初で最後の試練となったのが、この両親の願いに背くことだった。父と母は、息子が若い頃に世話になったお寺の住職になることを願っていたのだ。蓮長はこの頃、日

法難　仏教の教団や教徒が、その反対者、特に時の権力者から受ける迫害や攻撃。

蓮と名を改めた。自分の誕生をもたらした神と、これから世に広めようとする経典にちなんだ名前だ。

建長《けんちょう》五（一二五三）年四月二八日の朝。日蓮は崖に立ち、太平洋を見渡していた。眼前の海では、赤みを帯びた太陽が東の水平線に、姿を半ば現しているところだった。海を前にし、山を背にし、そこから感じ取れる全宇宙に向かって、日蓮は自ら作った祈りの表現であるお題目を、繰り返し唱えた。それは一切を鎮まらせ、自分に従う人々をどこまでも導く永遠の合い言葉となるもの。まさしく仏教の神髄といえるもの。人類、そして森羅万象の本質を捉えたものだった。

そのお題目は「南無妙法蓮華経」、白蓮の妙なる法の教えに謹んで帰依する、という意味だ。

この日の朝、全宇宙に呼びかけたあと、午後からは地元の人々に説法をすることになっていた。日蓮の評判は、すでに近郷に知れ渡っていた。一五年もの間、鎌倉から比叡山、奈良で修行を積んだお坊様だ。きっと何か初めて耳にする、深くてためになる説教が聞けるだろう。そんな期待を抱いて、故郷の人々は老いも若きも、男も女も集まった。中には真言宗の「ハラハリタヤ」や、浄土宗の「南無阿弥陀仏」を唱えながらやって来る者もいた。

ちなんだ名前
太陽を指す「日」と、法華経の経典を指す「蓮」にちなんだ名前。

寺が人で埋まり、お堂の四隅《よすみ》に香が焚《た》かれた。すると、太鼓の音と共に日蓮が説教壇に立った。男盛りを迎えたその顔には、夜を徹して勤行《ごんぎょう》に励んだ後がうかがえた。まさしく、信仰に身を捧げた者らしい目と、預言者のような威厳を備えていた。集まった人々の目は彼に注がれた。行き詰まる沈黙の中で、第一声が待たれた。日蓮は、自分の経典となった法華経を取り上げ、その第六章からの抜粋を読み上げた。それが終わると、穏やかな表情を浮かべ、しかし朗々と響き渡る声で聴衆に語りかけた。

「長い年月をかけて、あらゆる経典を紐解き、それぞれの宗派が経典をどう解釈してきたのかを見聞きしてきました。その一つに、こう記されています。仏陀が入滅してから五〇〇年の間は、多くの信者は何も精進しなくても成仏《じょうぶつ》できるだろう。次の五〇〇年は、精進と禅定に勤めれば成仏がかなう。これが正法の一千年です。その後には、読経を積む五〇〇年間と、寺院建立に励まなければいけない五〇〇年が続きます。これが像法の一千年です。これが過ぎれば、正しい教えが廃れる五〇〇年に入ります。この期間は仏陀の教えの功徳《くどく》がまったくなくなってしまい、人間は成仏する道をすべて見失ってしまいます。これが末法の始まりです。こうした状態は一万年続くのです。この末法の世に入ってから、今、二〇〇〇年が経ちます。仏陀が直に教えを説いていた時代から、すでに遠く隔たってしまいました。私たちにとって、成仏できる道はもう、一つしかありません。

その道は、妙法蓮華経の五文字の中にあるのです。ところが、浄土宗は人々にこの尊い経典を閉じ、一切耳を傾けないよう求めています。真言宗は自分たちが信じる大日経に比べれば、足を止めて履き物を脱いで聞く価値もないとののしります。法華経第二巻の譬喩品《ひゆほん》に、仏教の種を根絶やしにする者は必ず無間地獄《むげんじごく》に堕ちる、とあります。お釈迦様が言われたのは、こういう人たちのことではないでしょうか。聞く耳を持ち、見分ける目を持つ人ならば、このことを理解すべきです。真偽を見分けなければいけません。浄土宗は地獄に落ちる道。禅宗は天魔の教え。真言宗は国を滅ぼす邪宗《じゃしゅう》。律宗《りっしゅう》は国賊《こくぞく》なのです。これは私の言葉ではありません。経典にそう書かれているのです。雲の上を飛ぶホトトギスの鳴き声をお聞きなさい。あの鳥は時を知り、苗を植える時期を教えてくれます。ですから、今植えれば、実りの時期になっても後悔することはありません。今こそ、法華経を植える時なのです。私はそのために、お釈迦様から遣わされた者なのです」

無間地獄
8種の地獄である「八大地獄」の1つで、阿鼻地獄ともいう最悪の地獄を指す。

日蓮が語り終えると、激しい怒号が聴衆からわき上がった。あれは気がふれているのだろうから、放っておけという者もいた。また、あの罰《ばち》当たりめ、こっぴどく懲らしめてやるという者もいた。中でも居合わせた地頭《じとう》は、日蓮がこの神聖な境内から一歩出たとたんに、殺すつもりでいたほどだ。しかし、老住職は情け深い人だった。この弟子がいつか悔い改め、もとの正しい教えに戻り、夢から覚めるだろうと考えたのだ。日が暮れると、住職は二人の弟子に道案内を命じた。そして、あの地頭に見つからないよう、そっとこの地から日蓮を連れ出させた。

5 ただ一人、世に対峙する

故郷で受け入れられなかった日蓮は、首府鎌倉を目指した。そこは「真理を広めるには最良の地」だったからである。この古都に、今でも松葉ヶ谷《まつばがやつ》と呼ばれる場所がある。その一角の持ち主がいない土地に、日蓮は草庵《そうあん》を結んで居とした。手にするのは法華経、他の何ものにも頼らず、世の過ちを正す活動を始めたのだった。偉大な日蓮宗は、まさに、この草庵に端を発することとなった。今でこ

松葉ヶ谷　神奈川県鎌倉市大町にある安国論寺を指す。

草庵　安国論寺にて『立正安国論』を執筆した草庵とされる場所。

そ身延山《みのぶさん》や池上《いけがみ》に巨大な寺院が建ち、日蓮宗は全国に五千を超える寺と、二〇〇万人の信徒がいる。こうしたすべては、この草庵と、この一人の人物から始まったのだ。

偉業はいつも、このようにして生まれるものだろう。不屈の精神を持った者。それに背を向ける世間。その狭間《はざま》で、永遠に偉大なものが芽生える兆しがある。二〇世紀の私たちは、その教えよりも信仰と勇気こそ学ぶべきだろう。キリスト教は日本で、日蓮宗と同じように始めようとしただろうか。布教目的で設立した学校や教会、財政支援、人的支援などが動員された。偉大な日蓮は、そのようなものは何一つなかった。たった一人、自分だけで始めたのだった。

鎌倉に草庵を結んでから一年間、日蓮は修学《しゅうがく》と瞑想《めいそう》に没頭し、沈黙の時を過ごした。この間、一人の弟子を迎え入れた。のちの日昭《にっしょう》である。日本の仏教への日蓮の見方に共感し、はるばる比叡山からやってきたのだった。日蓮はことのほか喜んだ。というのも日蓮は、これで人々の前に堂々と姿を現わし、命を投げ出すことができると思った。たとえ何かあっても、自分の考えがこの国で絶え果てることを恐れる必要がなくなったのだ。

こうして日蓮は、一二五四年の春、この国で初めてとなる辻説法《つじせっぽう》を始めた。日

身延山
山梨県南西部にある標高1153mの山で、中腹に日蓮宗総本山久遠寺がある。巨杉に囲まれて大伽藍が立ち並び、山麓に門前町が発達している。

池上
東京都大田区のほぼ中央、山手の台地末端にある本門寺を中心とする一地区で、日蓮終焉の聖地でもある。

日昭
1221～1323年
鎌倉時代の僧で、日蓮門下六老僧のひとり。天台宗から改宗し、日蓮が佐渡に流されると鎌倉に残って教団を守った。日昭門流（浜門流）の祖。

辻説法
道ばたに立って、通行人を相手に説法すること。現代でいえば街頭布教にあたる。

蓮は首府の聴衆の嘲《あざけ》りや罵声《ばせい》を浴びながらも、故郷で初めて公に語ったことを、わかりやすく繰り返した。僧の身でありながら、路傍で説法するとは、いかがなものか。そんな批判に、日蓮はきっぱりと答えた。

「戦を交えているさなかの者なら、立って食事を取るのがふさわしいではないか」

あるいはまた、こう言って非難されることもあった。国の統治者が信仰する宗教までも悪し様《あざま》に言うべきではない。それに対し、日蓮はこう言明した。

「僧は仏の使いである。この世や人々に恐れをなしていては使命を果たせない」

また、他の宗派がすべて間違っているとはいえまい。そんな当然の反論にも、こう切り返した。

「足場が役に立つのも、寺が建つまでのこと」

こうして日蓮は六年間、絶え間なくこの説教を続けた。やがてその努力と、そして日蓮の人となりが、民衆の心を惹きつけ始めた。弟子も集まり、要職にある者も少なくなかった。中には将軍家の者さえいたくらいだ。そうなると、日蓮の影響が日増しにこの鎌倉で大きくなっていくのを恐れる者が出てくる。手遅れにならないうちに、芽を摘んでしまわなくては。次第に、そんな声が上がっていった。やがて大きな影響力を持つ高僧たちが集まった。建長寺《けんちょうじ》の道隆上人《どうりゅうしょうにん》、光《こう》明寺《みょうじ》の良忠上人《りょうちゅうしょうにん》、極楽寺《ごくらくじ》の良観上人《りょうかんしょうにん》、大仏寺の隆観上人《りゅうかんしょうにん》などだ。彼らは鎌倉でこの新興宗派を弾圧する策略を練った。しかし、日蓮の勇猛果敢《ゆうもうかかん》さのほうが、一致団結して対抗する勢力に勝っていた。

　折しも、この国には災難が次々とふりかかっていた。そのことをきっかけに、日蓮は一冊の本を著した。それは今なお、この分野では並ぶものがない名著と評されている。書名を『立正安国論《りっしょうあんこくろん》』（この国に正義と平和をもたらす論）という。この中で日蓮は、当時日本が被っていたあらゆる禍《わざわい》を列挙した。そしてそれらの原因は、誤った教えが人々の間に広められたからだと結論づけている。彼は、仏教の経典からさまざまな箇所を引用し、そのことを立証している。それに対して、日蓮が主張する救済の方法は明快だった。至高の経典である法華経を、国を挙げて受け入れることだった。そして、この賜物《たまもの》を拒んだ結果が、内乱や外的の侵略だと指摘している。これほど辛《しん》らつな言いぐさを、この国の高僧たちはされたことがなかった。『立正安国論』は、それ自体がいわば鬨《とき》の声だった。戦いのあかつきは、一つの結果のみ。自分の宗派が根絶やしにされるか、それとも他の宗派が全滅しているかだった。それはまさに狂気と紙一重だった。日本の統

立正安国論
日蓮の代表的著作の1つ。法華経こそ唯一の正法であり、それを立てることによってのみ国家社会の安穏は得られるとし、特に浄土宗を鋭く攻撃した。

治者の中でも、名君の一人として知られる北条時頼《ほうじょうときより》も、とうとう決断せざるを得なかった。この熱狂的な僧を鎌倉から追放し、弾圧を図ろうとしたのだ。

しかしこの政治家は、自分が処罰しようとしているのが、どんな人物かわかっていなかった。相手は死を覚悟していた。そしてその真剣さによって、同じように真剣な信者をすでに生み出していた。のちに数多くの逸話が証明しているように、あらゆる試練を受ける心の準備ができている人物だったのである。こういう人々は、どんな手段を用いても脅すことなどできない。「仏の敵への戦い」は、勢いをそがれることなく続けられた。そしてとうとうこの小さな一門は、力ずくで解散させられた。指導者の日蓮は遠国へ流刑《るけい》となった。

6 剣難と流罪

『立正安国論』を著してからの一五年間というもの、日蓮の人生は戦いの連続だった。この世のさまざまな権力、そして支配者と対峙《たいじ》しなければならなかったのだ。まず、彼は伊豆に追放された。三年にわたる流刑生活の間にも、新たに改《かい》

北条時頼
1227~1263年
鎌倉幕府の5代執権。豪族三浦一族を滅ぼし、執権北条氏の権力を確立した。

宗者《しゅうしゃ》が従うようになった。その後ふたたび鎌倉にやってきた。信徒たちからは、もう戦いをやめてはどうかと懇願《こんがん》された。それよりも宗門の中で、教化に専念したほうが得策だと言う。しかし、これに対して、日蓮は断固としてこう答えた。

「今や末法の時だ。過誤《かご》による毒害はきわめて強い状態だ。こんな時こそ、折伏《しゃくぶく》が危機に瀕する病の薬として欠かせない。一見、無慈悲《むじひ》に見えるだろうけれども、これこそ真の慈悲なのだ」

日蓮は、元通りの手に負えない僧に戻り、身の危険など顧みなかった。ある日の夕暮れのこと。日蓮は数人の弟子を引き従え、布教をして回っていた。すると突然、剣を手にした男たちの一群から攻撃を受けた。賊《ぞく》の首謀者《しゅぼうしゃ》は、あの故郷の地頭に違いなかった。四年前、日蓮が新しい教えを宣言した時に居合わせた男だ。彼は、日蓮という大胆な変革者を葬り去ろうと決めていた。この暴挙で三人の犠牲者が出た。一人の僧と二人の在家信者だ。彼らは師の命を助けようとした。こうして、この国で初めて法華経による殉教者《じゅんきょうしゃ》が出てしまった。法華経を信じる無数の人がいるけれど、この尊い出来事は今も語り草となっている。日蓮はこの時、額に傷を負った。それは仏法に忠実な証となった。

しかし、本当の危機は、一二七一年の秋にやってきた。日蓮はそれまで、命まで失われることはなかった。当時は法によって、僧侶の死刑が禁じられていたからだ。日蓮もまた、剃髪《ていはつ》と僧衣のお陰で、厳しく罰せられることはなかった。無礼きわまりない言動が、実力者たちの忍耐の限界を超えるものだったにもかかわらずだ。それでも、既存の宗派に対してだけでなく、聖俗を問わず権力者に対して痛烈に批判し続ける日蓮を、これ以上抑え込めそうもない。そう感じた北条氏は、例外的に非常手段に訴えた。ついに、日蓮を死刑執行の手にゆだねることを決断したのだ。これが日本の宗教史上、名高い「龍ノ口《たつのくち》の法難」である。その歴史的な信憑性については、今日、疑問視されている。信心深い人々がのちに奇跡話をいろいろ付け加えたのだろう。しかし、この「法難」そのものは間違いなくあったようだ。よく知られている逸話は、次のようなものだ。

死刑執行人は、日蓮の首を切り落とそうと刀を振り上げた。日蓮は、法華経の経文を唱えていた。

臨刑欲寿終《りんぎょうよくじゅしゅう》、念彼観音力《ねんぴかんのんりき》、刀尋段段壊《とうじんだんだんえ》

龍の口
神奈川県藤沢市江ノ島対岸、片瀬川東岸の地名。鎌倉時代は刑場があった。

臨刑欲寿終～
「刑台に命を終えようとする時、観音力を念ずるならば、刀の刃《やいば》は粉々になろう」の意。

刀が振り上げられたまさにその瞬間だった。突然、天から一陣の風が吹き下った。刀の刃は三つに折れて、周囲の者たちはすっかり驚き、うろたえた。刀を持つ者は手がしびれ、もう、二の太刀を振りかざすことさえできなかった。その直後だった。使者が「全速力で馬を馳せ」刑場にやってきた。彼は、鎌倉からの赦《しゃ》免状《めんじょう》を手にしていた。法華経の大義はこのようにして救われたのである。

この出来事は、奇跡を持ち出すまでもなく説明がつく。僧籍にある者の命を、奪ってよいものか。あの時代の死刑執行人ならば、迷信的な恐れを抱いたはずだ。また、威厳に満ちた僧が、経を唱えながら、首を切られるのを落ち着き払って待っている姿を目の当たりにしたらどうだろう。無実の血を流すことに手を下せば、天罰は免れない。哀れな死刑執行人は、そう恐れおののいたに違いない。この異例の死刑を決断した統治者も、同じ恐怖に襲われたはずだ。だから、死刑を取りやめて、流刑を言い渡す書状を持たせて使者を走らせたのだ。間一髪で日蓮が難を免れたのは、まったく自然の成り行きだったのだ。

死刑を免れたとはいえ、流刑もまた厳しいものだった。今度は日本海のうらぶれた島、佐渡《さど》へ流された。当時は、国内でもっとも行き来が困難とされた地だ。

だから重罪人はたいてい、この島へ流された。そんな場所で日蓮は五年も生き延びた。まさにそれ自体奇跡のようなことだった。ある年の厳しい冬など、法華経を心の糧《かて》とするほかは、ほとんど何もないまま過ごした。この体験を通じて、日蓮はまたしても精神が肉体を、そして信仰心が力を制すことを証明した。刑が終わる頃、日蓮はその信仰の領土を新たに広げていた。以来、佐渡と、その隣国でたくさんの人口があった越後は、日蓮の教えにとりわけ熱心な土地柄となった。

日蓮の不屈の勇気と忍耐は、今や鎌倉幕府を震撼《しんかん》させた。そればかりか、賞《しょう》賛《さん》さえ呼び起こした。折しも、外国が侵略してくるという日蓮の預言が的中した。蒙古《もうこ》襲来《しゅうらい》の危機が迫ったこともあり、日蓮は首府に戻されることを許された（一二七四年）。鎌倉に入ってまもなく、日蓮は教義を国中に広めることを許可された。熱い信仰心がついに勝利を収めたのだ。それは、その後七〇〇年にわたり、この国で影響を持つことになった。

7 晩年

蒙古襲来
13世紀後半における2度の蒙古（元）軍の日本来襲。元寇、モンゴル襲来ともいう。

日蓮は、もう五一歳になっていた。その人生の大半は、夜を徹した祈りと、世間との戦いに費やされていた。ようやく、同じ国の人間と自由に話ができる身となったのだ。だが、布教が許された理由が、日蓮にはまったく気に入らなかった。北条氏が布教の自由を認めた理由、それは恐怖に駆られたからだった。しかし日蓮は、統治者も民も、自ら進んで法華教を信奉することを願っていた。日蓮は次第に、仏陀にならって山間でひっそりと過ごしたいと考えるようになっていった。沈思黙考《ちんしもっこう》し、また門徒へ教えを授けることに余生を捧げるのも善いではないか。ここが日蓮のすばらしさだった。そしてこの宗派が永続している理由もまた、そこにあるのではないだろうか。世間が日蓮を受け入れ始めた時に、彼は退いたのである。日蓮に及ばない人々は、そこで躓《つまず》いてしまうのだ。

対照的に日蓮の弟子たちの活動は、とても激しいものだった。教義の禁止令が解かれると、それまでの宗派にこだわる者を公然と攻撃しだしたのだ。寺は次々と「激しく折伏されて論争に打ち負かされていった」という。この熱狂的な信者たちの行動の仕方は、よく知られている。各人は手に太鼓を持ち、一斉に「南無妙法蓮華経」とお題目を繰り返し唱える。そして、お題目を五つに区切って唱和するのに合わせて、太鼓を五回打ち鳴らす。二〇人も集まれば、耳をつんざくほどに響くのだ。まして、見たこともない勢いと熱気に包まれた集団が、何百人も集まったらどうだろう。それが家から家へ、寺から寺へと、新しい信仰にすぐさまひれ伏すようにと呼びかけるのである。鎌倉中をそうして回ったというから、その結果は容易に想像できる。開祖日蓮の情熱と、他の宗派への不寛容さは、今日の信者にもまだはっきりと見られるほどだ。この勇猛《ゆうもう》過ぎるほどの熱意は、もともとおだやかで厭世的《えんせいてき》な性質を帯びる仏教では、唯一の例外だ。

そうした動きに反して、日蓮の晩年は穏やかだった。彼は富士山の西、身延山を開山した。南の方角には、太平洋の素晴らしい眺望を望むことができる場所だ。すぐそばや背後には名峰も控えていた。その身延山に、諸国から彼を慕う人々がひっきりなしに訪れた。また、一二八一年にモンゴル帝国がこの国に侵攻し、日蓮が予言した通りになった。その事実は、彼の名声を一層ゆるぎないものにした。

この歴史的な出来事の翌年、日蓮は池上（東京・大森駅のそば）の在家信者の館に、客として伴われていった。そしてその地で、一二八二年一〇月一一日に死去した。

彼の最後の望みは、その教えが帝都である京の都で説かれることだった。そして、そのあかつきに「天聴《てんちょう》」に達することだった。日蓮は、当時一四歳の少年だった日像《にちぞう》にその役目を託した。

死の床にあって、日蓮らしい一場面が語りつがれている。臨終の慰めにと、弟子たちが仏像を運んできた。しかし、日蓮はすぐに手を振って持ち去るよう合図した。明らかに不機嫌な素振りを見せたのだ。その代わりに、雄渾《ゆうこん》な筆致《ひっち》で法華教の名前が書かれた掛け軸を掲げさせた。すると、掛け軸の方向にゆっくりと日蓮は姿勢を変えた。それにむかって手を合わせ、最後の息を引き取ったという。

日蓮は、経典の崇拝者であって、けっして偶像の崇拝者ではなかったのである。

8 その人となりについて

本書で取り上げたこの日蓮ほど不思議な人物は、日本の歴史を見渡してもみつからない。敵対する者からは、冒涜者《ぼうとくしゃ》、偽善者《ぎぜんしゃ》、私腹《しふく》を肥やす者、とんでもないいかさま師といった非難を浴びせられた。日蓮がいかに不実な人間かを証明しよ

天聴
天子がお聞きになること、叡聞。

日像
1269～1342年
鎌倉末期の日蓮宗の僧。京都で最初の日蓮宗寺院の妙顕寺を開創した。

うと、書物が書かれたりもした。中には、とても巧みにでっち上げた書物もあるほどだ。仏教があざけられる時には、決まって日蓮が格好の標的となった。それはまさに、この宗教の不面目《ふめんぼく》な点すべてを日蓮に負わせて、いけにえにしているようだ。しかもその急先鋒は同じ仏教徒たちだった。日本で日蓮ほど、誹謗中傷《ひぼうちゅうしょう》を積み重ねられた人はいない。さらには、キリスト教が日本にやってくると、非難の片棒を担いだ。この方面からも、さらにたくさんの礫《つぶて》が日蓮に投げつけられた。かつて、ある有名な牧師が熱心に、日蓮を誹謗していたのを私は知っている。実際、日本のキリスト教徒にとって、この人物を褒め称えるようなことを書けば、まるであのイスカリオテのユダを好意的に取り上げるようなもの。じつに不敬きわまりないことなのだ。

それでも、この人物について必要とあらば、私個人としては、自らの名誉をかけてもよい。確かに日蓮の教義のほとんどは、今日の批評に耐えられないことは私も認める。彼の反論は荒削《あらけず》りで、語気全体が狂気じみてさえいる。明らかに日蓮は、調和を欠いた性格だった。その意識はあまりに一つの方向に突出し過ぎていた。けれども、日蓮から論理的な誤りや、生来の気質や、時代と環境が残した影響をほぼ取り去ってみればどうなるか。そこには、骨の髄まで誠実な人間が現

イスカリオテのユダ
イエスの十二使徒の1人。イエスを裏切り、イエスを殺そうとしていた祭司長たちに銀貨30枚で師を引き渡したため、転じて、裏切り者の代名詞とされる。

れるのだ。それは、この上なく正直で、もっとも勇敢《ゆうかん》な日本人の姿だ。偽善者が二五年以上にわたって、偽善を続けられるわけがない。また、彼のためにいつでも命を投げだそうという何千人もの信奉者を持つことはできない。

「不実の者が宗教を興すことができるだろうか」

あのカーライルは声を大にして言っている。

「もちろん、不実の者は煉瓦《れんが》の家すら建てられはしない」

私の周りを改めて見回すと、四千人の僧侶と八千人の師を擁した五千もの寺院がある。そこは一五〇万人から二〇〇万人もの人々が、この人物が定めた通りに祈りを捧げている。日蓮が没して七〇〇年が経った今なお、である。これが全部、いかさま師のしたことだというのか。私は人間の本質というものを、深く信じている。そのようなことは、到底信じられない。もしそんな虚偽がこの地上でこれほど長く続くのだとしたら、一体、どうやって誠実と虚偽とを区別すれば良いのだろうか。

このもっとも恐れを知らない人物の、勇気を支えていたもの。それは、自分はこの世に遣わされた仏陀の特別な使者だという信念だった。日蓮自身は「海辺の卑しい生まれの子」にすぎなかった。けれども、法華経を教え広める役割に関し

カーライル
1795〜1881年
イギリスの思想家、歴史家。ドイツ文学を研究。著書は『衣装哲学』など。

ては、非常に重要な人物だった。

「私は取るに足りない一介の僧侶です」

　彼はかつて、ある権力者にこう語っている。

「しかし、法華経を教え広める者としてなら、釈迦の特別な使いです。ですから、右には梵天《ぼんてん》、左には帝釈天《たいしゃくてん》がいて守ってくださいます。また前にいる日天《にってん》に導かれ、後ろにいる月天《がってん》に見守られているのです。さらには、この国のあらゆる神々が頭を垂れて、私に敬意を払ってくださるのです」

　日蓮は自らの命など惜しくはなかった。けれども、この国の民が、仏法の担い手である自分を迫害することに、言いようのない悲しみを覚えた。仮に日蓮が発狂していたとしても、その狂気は崇高なものだ。実現するよう託された使命の価値を知って、自分の価値もまた自覚する。そんな最高の形での自尊心と、狂気とを区別するのは難しいものだ。また、そのように自分を評価できた人物は、人類の歴史を見渡せば、決して日蓮だけではない。

　したがって、激しく迫害を受けていた歳月にも、聖なる経典、とりわけ法華経は、日蓮にとっては尽きることのない安らぎの源だった。日蓮を流刑地へ運ぶ舟が出ようとした時のことだ。愛弟子の日朗《にちろう》が舟に近づいてきた。怒った船頭は櫂《かい》

梵天
仏教の守護神。

帝釈天
梵天とともに仏法の守護神。十二天の１人で東方を守る。

日天
インド神話の神で、仏教に取り入れられた太陽を神格化したもの。

月天
月輪の月宮殿に住して世界を照らすとされ、月を神格化したもの。

日朗
１２４３～１３２０年　鎌倉時代の日蓮宗六老僧の１人。日蓮の死後、池上の本門寺、鎌倉の妙本寺を中心に教勢を拡大した。

でこの弟子を打ち据えた。そして哀れにも日朗は、両腕が不自由になるほどの傷を負ってしまった。日蓮は、愛弟子にこんな慰めの言葉をかけた。

「棒で叩かれたり、追放されたりすることは、この末法の世に法華経を説く者が避けられない定めだ。二千年前に法華経の勧持品《かんじほん》に記されたことが、今まさに降りかかっているのだ。だから、喜ぼう。法華経が勝利する日は、すぐそこまで来ているのだ」

流刑の身だった日蓮が、弟子たちに宛てた手紙がある。その至るところには、仏経典の言葉が引用されている。

涅槃経に、重きを軽きに変える「転重軽受《てんじゅうきょうじゅ》」の教えがある。現世で重きにあえば、来世では軽いことが保証されている。提婆菩薩《たいばぼさつ》は異教徒に殺され、師子尊者《ししそんじゃ》は首をはねられた。竜樹菩薩《りゅうじゅぼさつ》はさまざまな誘惑にあった。どれもあの正法の世の、仏陀の国にあっての出来事だ。それならば、末法の世が始まった今、地の果てのこの国では、どれほど多難なことか。

ルターにとって聖書が尊いものだったように、日蓮にとって法華経はこのうえないものだった。

「自分が奉ずる法華経のために死ねるなら、命は惜しくない」

これは、危機に直面し、日蓮がよく口にしていた言葉だ。キリスト教のルターと同じくらい、日蓮も聖典崇拝者だったのかもしれない。確かに、聖典はどんな偶像や力よりも尊い崇拝の対象だった。聖典のために死ぬ覚悟のある人は、英雄と呼ばれる人以上に尊い英雄だ。日蓮を悪し様にいうキリスト教の聖書は、埃《ほこり》をかぶっていないだろうか。仮に聖書の言葉を日々口の中で唱え、聖書に宿る霊感を熱心に擁護《ようご》しているとしよう。そんな人でさえ、神の使いとして人々の間に聖書を広めるために、一五年もの長い間、剣難《けんなん》や流罪に耐えたり、身を捧げたりすることができるだろうか。聖書は他のどんな書物にもまして、人類を良い方向へ導くのに役立ってきた。その聖書を手にする人が、よりによって日蓮に礫を食らわすなど、あってはならない。

日蓮の普段の暮らしは、ごく質素だった。鎌倉の草庵に居を定めてから三〇年後、身延でも暮らし向きは同じだった。その頃には裕福な在家信者もいた。望みさえすれば、安楽な暮らしもできたはずだ。日蓮は「仏敵」とみなせば、容赦はしなかった。けれども、貧しい人々や、虐げられていた人々には、誰よりも優しかった。弟子に宛てた手紙には、実に優しい気持ちがあふれている。あの、名著『立正安国論』に見る炎のような激しさとは好対照だ。弟子たちが日蓮を大切に思ったのも当然だろう。

確かに日蓮の生涯は、ムハンマドから一夫多妻主義を差し引いた生涯を思わせる。激しさ、極端な熱狂、その上、はっきりとした目的意識を支える誠実さや豊かな慈愛。どれも二人に共通する。ただ、この日本人のほうが、かのアラビア人より偉大なところがあったとすれば、それはただ一つ。法華経に対する日蓮の信念だ。それはコーランに対するムハンマドの信念よりも強かった。日蓮にはそこまで信奉できる経典があったから、物質的な力は必要なかった。人の力を借りなくても、法華経だけで充分な力を持っていた。だからその真価を証明するのに、どんな力もいらないのだ。ムハンマドの偽善者の汚名を晴らした歴史は、日蓮を正当に評価する方向へ向かうべきだ。

そこで、この日蓮から一三世紀という時代の装《よそお》いをはぎ取ってみたらどうなるか。また、彼の常道を外れた批判認識の仕方を取り除いたらどうか。さらには、内面に宿る（偉大な人物ならみな持っていると思われる）多少狂気じみた性格を分離してみたらどうなるだろう。そこには、きわめて非凡な人物、すなわち、世

ムハンマド
マホメット。570～632年頃　イスラム教の祖で、アラビア語名はムハンマド。唯一神アッラーの崇拝を説く。

コーラン
アラビア語で書かれた114章からなるイスラム教の根本聖典。読誦を意味する。

界でも最高の一人の宗教家が現れる。日本人の中で、日蓮以上に独立独歩《どくりつどっぽ》の人は考えつかない。実際に、彼の独創性と自立した精神が、仏教を日本の仏教にした。日蓮の宗派だけが、純粋に日本の仏教である。他の宗派は、インド、中国、朝鮮に起源があるものばかりだ。彼が抱いていた大望もまた、当時の世界全体に自分の宗派を広めることだった。

日蓮は、こう語っている。仏教はそれまで、インドから日本へと東へ向かって旅をしてきた。けれどもこれからは、よりよい仏教が日本からインドへと西へ里帰りするのだと。このように日蓮は、受け身で、何事も受け入れるばかりの日本人の中では例外的な存在だ。自分自身の意志を持っていたから、御《ぎょ》しやすい人物ではなかったことは確かだ。しかしそういう人物こそが、国の基盤となるのだ。

愛想がよく、謙遜するばかりで、受け入れることしか知らず、懇願《こんがん》能力の高さを頼みに行われている行為の大半は、国の恥でしかない。宣教師たちが、本国へ送る「キリスト教への改宗者」の数を増やすのに役立つのが関の山だ。「攻撃的な資質を取り去った日蓮」こそ、私たちが理想とする宗教家なのである。

第5章　日蓮上人——仏僧

◇あなたは日蓮の徳・信念をどう読み解きますか？

第3部

『代表的日本人』に学ぶ5つの信念

——「いにしえの聖賢の教えは、今の世の中に当てはまらない部分が多い」。藤樹はそのように語り、改訂版を作って教えた。彼がこんにち生きていたとしたら、異端裁判の格好の餌食になっていたことだろう。【中江藤樹】

本書「中江藤樹」の章で、著者の内村鑑三はこんなことを言っている。だとすれば、私たちも、それにならって、この本に新解釈を与えてみるのもよいだろう。この第3部では五つの視点で、本書を読み解いてみたい。

一．徳を高める
二．試練を好機と捉える
三．ゆるぎない信念を抱く
四．リーダーシップを育む
五．実践の人となる

この古典が、現代にも通用するすばらしい指南の書となるのではないだろうか。

1

徳を高める

●「生き学問」をする

――この愛すべき主人公は山歩きが大好きで、昼夜を問わず森へ出かけていた。その時に、輝く天から直接聞こえてくる声を耳にしなかっただろうか。【西郷隆盛】

西郷隆盛は「敬天愛人」という言葉を、生涯の徳目とした人だ。ここに辿りつくまでに、どのように徳を磨いていったのだろうか。本書では触れられていないが、鹿児島市にある維新ふるさと館、西郷南洲顕彰館への取材から、少年時代の学問との接し方について少し補足してみたい。

薩摩の人づくりの特色は、藩校造士館《ぞうしかん》とともに郷中《ごうちゅう》といわれる教育システムだった。郷中は地域単位で構成され、一〇歳から教える。藩校を補完するものとして、おもに儒教を中心に、目上のものが目下のものを教えた。薩摩藩は二三の郷中に分かれており、その一つ、下鍛治屋町の郷中の中心だったのが西郷隆盛だった。

一方、造士館では、詮議《せんぎ》というゼミ形式の討論があり、この点が他の藩校と違っていた。今、差し迫った問題をどうするかを真剣に討議することを通じて、実践的な決断力を養った。それが幕末維新の激しい動乱の中で薩摩藩士たちの活躍に結びついたといわれる。西郷いわく「現実に生き学問をすべき。人に会い、知識を請い、その人の生き方に学ぼう」

こうして水戸の藤田東湖にも会いに行った。

常に書物と現実の問題とのシミュレーションを実証的に行い、さらに優れた人があれば教えを請う。これが薩摩の「生き学問」だったといわれる。

●自分の目で見てみる

――西郷は家臣としてこの先見の明をもった主君に対し、長年にわたって敬意を示した。【西郷隆盛】

本書では、上杉鷹山が藩政改革のために郡奉行《こおりぶぎょう》という役職を設置したと書かれている。偶然にも、薩摩藩にも同名の役職があり、西郷隆盛は若い頃その配下として働いていた。維新ふるさと館の学芸員は、「西郷は郡奉行のもとで書き役になりました。奉行といっても下級役人で、地方の土木、年貢の取り立て役でした。西郷も奉行にお供して農村を回り、そこで農民の実情を知ります。役人の不正もありました」と語る。これを西郷は農村の改善策としてまとめ、それが藩主斉彬の目にとまった。藩主はこんど江戸に行くとき、この西郷という者を同行させようと言った。そうした経緯もあり、西郷は江戸と薩摩の米の値段の違いを知った。もちろん、最初は藩主に聞かれても西郷は答えられず、「政治に携わるものが米の値段も知らないでどうする」と藩主に諭された。

西郷は、権力も悪も恐れず、正しいことは直言できる人物だった。けれども斉彬にだけは頭が上がらなかったようだ。そして西郷は、この主君を師と仰いでいた。

●人をとがめず、天と向き合う

――もし戦火を交えたら、我々のせいで、罪もない民が苦しむ羽目になるだろう。【西郷隆盛】

幕府方の勝海舟に愛宕山に案内された官軍の大将西郷は、江戸の町を見下ろしながらこう言った。そして勝と相談し、江戸を無血開城に導いた。また、各地を転戦していた際、激しく敵対した庄内藩の鶴岡では、情けある戦後処理を行い、鶴岡の人々の尊敬を集めた。今も庄内藩校致道館《ちどうかん》には、西郷隆盛が揮毫《きごう》したといわれる「敬天愛人」の扁額《へんがく》が掲げられており、鹿児島市と鶴岡市は兄弟都市になっている。また、山形県酒田市には、西郷を祀った南洲神社が人々の信仰を集めている。やはり戊辰戦争の後、西郷が寛大な計らいをしたためと言われている。戦いも辞さないけれど、終われば友とする。それは、人をとがめず、天のために すべてをなせ、ということの現れではないだろうか。

●自分らしさは貫けばいい

――西郷にはまわりくどいところは一切ない。簡潔で筋が通っており、その明解さは日の光のようだった。【西郷隆盛】

西郷は殿様にも直言する人だった。独立心が強い。欲で釣ることもできない。上からみると使いにくい人物だ。私利私欲なく真っ正直で独立心がある。自分の気にくわなければ殿様だろうがずけずけ言う。誠意をもってすれば誠意で応えてくれると信じ切っていた。

これは尊徳の一途さ、藤樹のひたすらさ、そして日蓮の猪突猛進ぶりにも共通するのではないだろうか。

●利他の精神

――小人物は自分の利益を得ようとするが、大人物は人びとの利益を第一にする。利己的な者はやがて朽ち果てる。公共のために尽くそうとする者は栄える。【西郷隆盛】

これは、西郷の散文の中の『左伝』からの引用だ。日本の名だたる経営者の間に、今も脈々と流れる「利他の精神」の、いわば源流とも言えるだろう。

●よい師弟関係を築く

――師の細井平洲からこの逸話を聞くたび、若い鷹山はむせび泣いた。【上杉鷹山】

本書では、紀州藩主が回りの意見を聞かなかったので、その師がひざをつねった。以来その傷を、言動のよりどころにしたという逸話が紹介されている。

山形県米沢市には上杉神社を始め、伝国の杜など鷹山の業績をしのぶことができる場所がある。郷土史家の話によれば「細井平洲と上杉鷹山との師弟関係は今の九〇歳前後の方ならよく知っておられます。戦前、修身の教科書は、最初に明治天皇、次に二宮尊徳、そして三番目に上杉鷹山が登場していました」と語ってくれた。鷹山のエピソードでは「師を敬う」というテーマを説いていたそうだ。そこに登場するのが、鷹山の師、細井平洲を初めて米沢に迎え入れる有名な場面だ。城から四キロほどの郊外。そこまで鷹山が、本行列でやってきた。堂々としたものだ。「殿のお姿が見える」と、そこで、平洲は駕篭をおりる。殿は立っている。

平洲は、土下座しようとしたが、鷹山も土下座しようとするのではないかと考えた。そこで六九歳だった平洲は老体を曲げ、深くくるぶしに手が届くようにして、あいさつをした。鷹山も同じようにした。お互い涙を流し、言葉もなく。そこからふたり肩を並べ普門院へ歩いていった。藩主と師と後先がない、これが大事な点だった。

儒教の教えに五倫五条がある。五倫は基本的な人間関係を規律する五つの徳目である、父子の親、君臣の義、夫婦の別、長幼の序、朋友の信のことだ。五条は、仁、義、礼、智、信の五つである。

●徳を広めることで徳を高める

――この学校の規模や設備の充実ぶりは、当時の藩の財政事情からすると破格なものだった。【上杉鷹山】

藩主になってから数年後、ようやく財政改革に道筋が見え始めた頃、上杉鷹山は、藩校を再興した。江戸時代の後期に全国で創立された藩校は、ゆるみきった当時の風紀を一新し、国のために働き、領民の暮らしを安定させるためのリーダーを育成することが目的だった。

米沢市の郷土史家によれば、「細井平洲を校長に迎えて講義を行った米沢藩校興譲館《こうじょうかん》は、徳を身につけ、人間を磨くことを基本としていました。学生には家老の子もいれば、中級武士の子もいました。ふつうなら禄高が違えば、待遇も異なります。ですが、興譲館では歳の順にクラス分けしていました。ここで三年間学び、人物評価をします。評価の基準は、たった一つ。誠実であるかどうかでした」。そして、これにかなえば中級武士も実務官僚へ、あるいはまれに政治の中枢へ抜擢された。幕末、薩長と交渉したり、軍隊を動かしたりしたのはすべてこの興譲館の書生だったという。

鷹山改革とは、数字の帳尻を合わせればいいのではない。人間をつくる所から始めるという壮大な計画だった。

●徳は自立から磨かれる

――仁愛、勤勉、自助、こうした徳を徹底して励行することで初めて、村には希望の灯がともるでしょう。【二宮尊徳】

村の再建を任された尊徳は、道徳の力を柱にして再建計画を推し進めようとした。荒れ地は、荒れ地そのものが本来持っている力で切り開くもの。貧困も、自力で立ち直らせなくてはいけないと藩主に語った。尊徳はここまで、何事も自分自身で克服してきた。今度は、同じように困難を克服しようとする人々に喜んで手助けをしていく立場となっていった。

●日々の積み重ねが成長につながる

――小さな善が積もって初めて、名声も上がってくるものだ。【中江藤樹】

毎日自分に訪れるちょっとした善い行いのきっかけをおろそかにせず、実行してゆく。それが徳をもたらすと藤樹は考えていた。世に言われる君子は、多くの小善から徳を生み出す人のことだ。

この「徳」の部分を、責務や業務に置き換えてみるとどうだろう。その日にできることを全力でやり遂げる。その積み重ねが自らの成長につながっていく。

●目立たない人生でも影響を与えられる

――谷の窪地にも、山あいにも、この国のいたるところに聖賢はいる。【中江藤樹】

今の私たちは、社会に影響を及ぼそうと、声高に主張をする。けれども、本当の賢者は、自分の姿を現さないから、世間に知られない。名声を得た人間は、結局、取るに足らない人物だ。気高い目的を持って生きていれば、目立たない人生であっても影響を与えられると、著者は言明する。

おそらく、ここは内村鑑三がこの本で伝えたかった主題の一つではないだろうか。

●徳は一見、見えづらい

――そこには、骨の髄まで誠実な人間が現れるのだ。それは、この上なく正直で、もっとも勇敢な日本人の姿だ。【日蓮】

ここは、他者の中にどう徳を見いだすかという一つのヒントだろう。著者によれば、日蓮の反論は荒削りで、語気全体が狂気じみてさえいるという。明らかに日蓮は、調和を欠いた性格だったとも言い切っている。しかし、日蓮から論理的な誤りや、生来の気質や、時代と環境が残した影響をほぼ取り去ってみればどうなるか。それがこの引用部分だ。徳は一見、見えづらいこともある。しかしそれを見いだすやりかたもあるということだろう。

2 試練を好機と捉える

●出会いをプラスに変える

――本当の好機とは、時代の求めに応じ、しかるべき理由を見いだし、それを実現しようと行動を起こした結果なのだ。【西郷隆盛】

鹿児島は今でも「西郷さん」の人気は高い。市内にある西郷南洲顕彰館を尋ねた際にうかがった話は、内村が「革命の始動役」と述べたところに通じる。

「西郷は人に恵まれていました。人で苦労もしましたが、出会いをプラスに変えていく能力があったのです。例えば、島津斎彬公がそうです。この藩主は、イギリスが、明国の内乱に乗じて植民地にしてしまった様子を細かく報告させていました。薩摩藩は密貿易も実際に行っていましたから、欧米列強の実力もよく知っていました。尊皇は良いとして、攘夷、つまり外敵を追い払うなんてこの日本にできるものか。そういう見極めができていました。この斎彬公は、越前藩主松平春獄と親交がありました。手紙のやりとりの中で、あるとき春獄が尋ねます。『なぜ西郷を採用したのか』。すると斎彬は、『西郷は権力や悪を恐れない。学識もあり見識を持っている。真実を曲げない正直ものだ。だから信用できる男だ』と。また、『西郷は国の宝だ。彼を御すことができるのは、私しかいない』と語ったそうです。それで西郷は斉彬の秘書代わりに取り立てられ、藩の内緒ごともぜんぶ胸に収めていました。斎彬は全国の諸侯から尊敬されていましたから、その斎彬が全幅の信頼をおいた西郷も信頼されたのです」

●危機をくぐり抜けるたびに成長する。

――命も惜しくない、地位も名誉も金もいらないという人間ほど扱いにくいものはない。だが真に苦労を共にできるのはそういう人物だ【西郷隆盛】

西郷は「私の命を捧げる」と、何度も明言したと内村は書いている。西郷は三度死んだといわれる。そのたびに使命をまっとうすることに迷いがなくなっていった。

一度目の死は、本書に書かれている月照との身投げだ。これによって奄美大島へ島流しにあっている。ここで沈思黙考し、「敬天愛人」という言葉にたどり着いたようだ。

二度目は、斎彬の次の藩主、島津久光公とはぜったいに相容れなかったことだ。その結果、沖永良部島、さらに久米島へ遠島流罪にあった。いつ首を切れといわれるかわからない中、牢の中で読書や省察や政治のあり方を振り返る貴重な時間となった。

三度目は西南戦争における本当の死だった。本書にも書かれているが、敵方さえその死を深く悼んだ。

●苦しい時こそ希望を見いだす

——うまい具合に炭火は再び熾り、私はうれしくなった。こんなふうに治世に励めば、この国を再興させ、領民の暮らしを安らかにすることができるかもしれない。【上杉鷹山】

これは、初めて米沢にお国入りしたときのことだ。誰もが不可能と思えた米沢藩の財政を立て直す信念がこのとき芽生えた。苦しい時にこそ、希望を見いだす。あるいは、希望を想起させるものを、心のよりどころにするということも大切だ。

●目の前の課題に全力で当たる

——尊徳は、立て直しを任されることになる三つの村を詳しく調べさせてほしいと願い出た。【二宮尊徳】

尊敬する藩主にここまで頼み込まれて、これ以上断るわけにはいかない。そう考えた尊徳は小田原城主の要請についに応え、荒れ果てた村を再興する決心をした。公の事業を引き受けるからには、私事はなげうって、専念しなければならない。彼は家屋敷を処分し、背水の陣で村の再建に望んだ。

●権力に屈しない魂

――非難をものともせず、自分の信じた教えを掲げ続けた勇敢な生き方が、私たちを引きつけるのだ。【日蓮】

著者の内村鑑三は、日蓮の魅力をこのように捉えている。何の後ろ盾もなく、あらゆる権力と戦い、次第に民衆の支持を集めていった。そして日蓮の不屈の勇気と忍耐は、鎌倉幕府を震撼させた。そればかりか、賞賛さえ呼び起こした。

③ ゆるぎない信念を抱く

●民の声は天の声

――ある時、七人の重臣が若き藩主に詰め寄った。新体制の不満を訴え、すぐさま元に戻すよう口約束を取り付けようとしてきたのだ。【上杉鷹山】

上杉鷹山が藩の財政改革を進めて数年後、最大の危機がやってきた。守旧派に詰め寄られ、城内は騒然となった。藩主は、彼らに直接答えず、自分の評価を民に託した。もしも人々が新体制に反対なら、自ら身を引いてもっと有能な人物に代わってもらおうと決心した。「民の声は天の声」という信念を貫き、危機を脱した。領民に対する誠意が、人々の心を動かしたといえるだろう。

●成功体験が信念を醸成する

――自然は、その法に従う者に豊かな恵みで返礼してくれる。【二宮尊徳】

少年の尊徳は、自らの工夫と努力とで、自然の恵みを初めて得た。その嬉しさ、誇らしさが、内村鑑三の簡潔な描写ににじみ出ているようだ。それは後年、いくつもの村を再生に導き、国家事業にも貢献した、二宮尊徳の生涯を通じた信念となった。

●自らの力で荒廃から立ち直らせる

――「誠意は天地をも動かす」という一途な思いがあるのみだった。【二宮尊徳】

本書に登場する五人は、駆け引きやはかりごとなどには頼らない。尊徳も廃村の再興を任された際、まずは、荒みきった民の心に誠意を持って向き合った。そして、徳の力によって村を復興させようとした。補助金や特権を与えても無駄だ。荒れ地は、荒れ地そのものが本来持っている力で切り開くもので、貧困は自力で立ち直らせなくてはいけないと知っていたのだ。

●道（真理）に照らし合わせる

――藤樹は、講義が終わるまで玄関のところでお待ちいただきたいと答えた。【中江藤樹】

「近江の聖人」と評判の中江藤樹に会うために、岡山藩主池田光政が大勢の従者を引き連れてやってきた。ちょうど藤樹は子どもたちを相手に講義をしている最中だった。藩主がお着きだと知らされたけれども、藤樹は、講義が終わるまで玄関のところでお待ちいただきたいと答えた。そして、何事もなかったかのように講義が続けられた。藤樹は、「道（真理）は永遠から生ず」という信念を生涯つらぬいた。これに対して法は、その時代の為政者によって作られる。道と法とは分けて考えるべきだと常々語っていた。その信念に照らし合わせるならば、たとえ藩主が訪ねてこようとも、子どもたちへの講義を中断すべきではないと判断したのだろう。

ところで、この池田光政は、大藩の岡山藩を治める大大名だった。けれども大変に謙虚な人物だったようだ。彼は藩内に庶民が学ぶ閑谷《しずたに》学校を建てた。その講堂は重要文化財に指定されるほど荘厳だ。そのような立派な学び舎で、庶民が読み書きや儒学を学ぶことができたのだ。

その講堂には、隣接する小さな別間がある。ここでは藩主池田光政が、講義の様子を参観していたのだという。

●間違っていることには断固反対する

――たとえ母上がおっしゃることでも、天道に反していれば従うわけにはまいりません。【中江藤樹】

儒教の「孝」を大切にし、母を思いやった藤樹も、間違っていることには断固反対した。藤樹の伴侶となった女性はあまり器量がよくなかった。藤樹の母は、そのことで家族が不名誉を被るのではないかと案じて、再婚をすすめた。この当時は、よくある話だったようだ。だが、母の願いならたいていは聞き入れていた優しい息子も、この時ばかりは従わなかった。

●心の基軸を見つける

――依法不依人（真理の教えを信じ、人に頼るな）【日蓮】

若い日蓮は、なぜ仏教にはいくつもの宗派があり、お互いを否定しあうのかという大きな疑問にぶつかっていた。ある晩のことだ。彼は仏陀が入滅する直前に語ったといわれる「涅槃教」を熱心に読んでいた。すると、次の言葉が目にとまった、それは、迷い苦しんでいた心に、いい知れない開放感をもたらしてくれた。

日蓮は、修行の中で出会ったこの言葉を生涯、活動を支える柱とした。ここに根ざした信念があったからこそ、どんな権力の脅しにも屈せず、死罪や流罪を生き延びたのだろう。

●ミッションを明確にする。

――私は取るに足りない一介の僧侶です。しかし、法華経を教え広める者としてなら、釈迦の特別な使いです。【日蓮】

このもっとも恐れを知らない人物の、勇気を支えていたもの。それは、自分はこの世に遣わされた仏陀の特別な使者だという信念だったと内村鑑三は述べている。使命をはっきりと描き出すことで、何をなすべきかが明確になるということだろう。

④

リーダーシップを育む

●敵味方を超えて影響を与えられるか

――西郷は書物を残さなかったけれども、詩歌をたくさん残し、散文もいくつかしたためている。【西郷隆盛】

西郷はすぐれた武将だったかもしれない。だが権謀術数を好まなかった。あまり政治的ではなかった。いっぽう西郷は詩人だったと、西郷南洲顕彰館の元館長が語っていたことがある。「いろいろな西郷像がありますが、はっきり言えることは、詩人であり、教育者だったということです」。西郷は敵味方を超えて、世のため人のためになることを多くの後輩に植え付けた。

●ビジョンを描く

――予見していたあまりにもたくさんのことが、やがて現実となった。【西郷隆盛】

長い島流しの刑がやっと終わり、西郷を呼び戻すために使者が送られた時のこと。彼は砂浜に新国家を建設するために、頭の中で完成させた一連の策を全部、砂に描いて説明したという。新政府などまだ夢物語のようだったころの話だ。西郷は幕府に代わるビジョンをはっきりと頭に描いていた。旧態依然としたものにしがみつくのではなく、列強がやってくる。それならどういう社会の形が望ましいか、考え抜いていたから未来の社会を描くことができたといえるだろう。

●時には引いてみる

――誠意が足りないせいで、天が罰しておられるのだ。【二宮尊徳】

廃れた村を一〇年越しで再建しているさなかのこと。村人の間に不満が広がっていった。尊徳の「仁術」をもってしても抑えられない事態となった。彼は、突如、村から姿を消し、成田山で断食した。村人たちは、必死に彼の行方を捜した。結果的には、尊徳がいるからこそ村が成り立っていたことを、みんなが身にしみて理解したという。

●今、もっとも適したものを考え出す

――古ければなんでもかんでも悪いわけではないし、新しければ何でもかんでもよいわけではないと言いたいのです。【中江藤樹】

これは中江藤樹の章の最初に、著者内村鑑三が述べている意見だ。この考えは、冒頭でふれたように、藤樹が弟子に語った「今の時代に合った法というものがある」という言葉と共鳴している。現代の私たちが学ぶとすれば、温故知新や、伝統と革新といったことではないだろうか。そこに時代を生き抜くオリジナルなものが生まれる。

●命に代える覚悟を持つ

――領民が食を絶たれているのと同じように、食を絶たなくてはなりません。【二宮尊徳】

飢饉の際、藩主の命を受けた尊徳は、国元の穀物庫の鍵を渡すよう願い出た。だが重臣は、殿直筆の書面がないと渡せないと危機感のない返事をした。そこで尊徳は彼らに、その間、領民が餓死するだろうから、彼らを治める我々も断食をし、飢えて死ぬべきだと言った。そして、リーダーが飢饉の責任を率先して取ることで、領民の飢餓への恐怖は和らぐと説いた。それは天民を託された者の責務だという覚悟だったのだ。

●古いものにしがみつかない

――凡庸な僧侶たちが伝えた古い教えにしがみついてどうする。【日蓮】

日蓮は、「妙法蓮華経」こそ、仏教のさまざまな矛盾を単純明快に説明することに気がついた。もう田舎の寺に引きこもっているわけにはいられなかった。古い教えにしがみつかず、深く、広く、真理を究めるため、果敢に世に乗り出していった。

これは日蓮が修行を重ねていた二〇歳の時だ。しかし、古いものを捨てるか、どこまで大切にするか。この判断は実際にはむずかしい。納得できる決断ができるようになるのは、どれだけ真剣に課題に打ち込んだかということだろう。

●より高い目線で見渡す

――これからは、よりよい仏教が日本からインドへと西へ里帰りするのだ。【日蓮】

日蓮が開いた宗派は、純粋に日本の仏教だった。彼が抱いていた大望とは、当時の世界全体に自分の宗派を広めることだった。その点で日蓮は、受け身で、何事も受け入れるばかりの日本人の中では例外的な存在だ。世界という舞台を見据え、より高い目線で自分の使命を果たそうと考えていた。まさに、今の日本に突きつけられている課題そのものではないだろうか。

⑤ 実践の人となる

●現場での気づきを大切にする

――西郷は二回、南海の離れ島に流刑となった。【西郷隆盛】

西郷は生涯を通じて野山を一人散策することを好んだようだ。西郷が奄美に流された時も同じだったようで、島中を歩き回り、島民たちが黒砂糖の取り立てで苦しんでいることがわかった。「ああ、斎彬の指示でもあり、自分たちがよかれと思っていた政《まつりごと》が、現実はこんなに民衆を苦しめていたのか」と知ったという。こうしたことを何回か、繰り返し経験している。それが人格の陶冶《とうや》となった。そしてビジョンを築くもとになったのだろう。

●自ら実践する

――まず鷹山自身が変わることから始めなければならなかった。【上杉鷹山】

鷹山が財政を改革するうえで、手始めに行ったのが、出費を減らすことだった。自らが率先し、家計の切り盛りにかかっていた費用を大胆に切り詰めた。奥向きの女中も二割以下までに減らした。着物は木綿に限り、食事は一汁一菜とした。

家来たちも、これに続くほかはなかっただろう。

●判断基準は、動機が誠実かどうか

――最良の働き手とは、いちばんたくさん仕事をする者ではない。【二宮尊徳】

村の復興に取り組んでいる時のこと。三人分の働きをする男がいるという。役人たちの受けもよく、褒美をとらせたらどうかと尊徳に進言があった。尊徳はその評判の男に会ってみた。そして実際、三倍の仕事を目の前でやってみるように言った。男はすぐさましっぽを巻き、実は役人の前でだけ、要領よく立ち回っていたと白状した。尊徳がこの男の不正を見抜くことができたのは、自分が実際、田畑に親しみ、誠心誠意汗を流したとして、どれくらいの仕事ができるものかを熟知していたからだ。

また逆に、みんなが嫌がる木の根を片付ける作業を黙々とやる年老いた農夫がいた。尊徳はこの男の日頃の働きぶりに感謝し、金十五両を贈った。周りはむろんのこと、もらった当の本人も何かの間違いかと驚いた。けれども、尊徳は、誰もが嫌がる地味な仕事をこなす人がいてこそ、田畑の復興もできるといい、こうした人々へのまなざしも忘れなかった。尊徳から見れば、最良の働き手とは、いちばんたくさん仕事をする者ではない。いちばん高潔な動機で働く者が最良なのだ。

●問題を小分けにする

――目の前の仕事に全力を尽くしましょう。そうすれば、これが前例となります。【二宮尊徳】

「一つの村を救える方法ならば、一国すら救うことができます。原理はまったく同じなのです」

尊徳は、尋ねる人に決まってそう答えた。

「目の前の仕事に全力を尽くしましょう。そうすれば、これが前例となります。やがて時が来れば全国を救うのに役立つのです」

そのように尊徳は、門人たちに語り聞かせていた。これは、大きな仕事も、小さい要素に分け、一つずつ着実に解決していくという手法だ。一つひとつの仕事に全力で取り組むことで、達成感、動機付けがなされる、すぐれたやりかたではないだろうか。

●新しい解釈を世に問う

――王陽明のおかげで、孔子を新鮮な目でとらえることができるようになった。【中江藤樹】

西郷隆盛もそうだが、中江藤樹も陽明学に親しんだ。陽明学は、孔子がとても進歩的な面を持っていたことを説いている。おかげで、この近江聖人は、儒教のダイナミックな側面に気づき、独創性に富んだ実践の人となった。常識にとらわれず自由に発想を巡らしてみる。そこからイノベーションが生まれるということを、示唆してはいないだろうか。

参考文献

『Representative Men of Japan（English Edition）』Kindle版　Kanzo Uchimura著　Avery Morrow's Printing and Bagels
『英文版 代表的日本人 Representative Men of Japan』（大活字・難解単語の語注付）内村鑑三著　IBCパブリッシング
『代表的日本人（ワイド版岩波文庫））』内村鑑三著、鈴木範久翻訳　岩波書店 第2刷版
『対訳・代表的日本人』内村鑑三著、稲盛和夫監訳　講談社インターナショナル
『代表的日本人（いつか読んでみたかった日本の名著シリーズ4）』内村鑑三著、齋藤慎子翻訳　致知出版社
『ＮＨＫこころの時代～宗教・人生～ 道をひらく―内村鑑三のことば』鈴木範久ほか　ＮＨＫ出版
『後世への最大遺物・デンマルク国の話』内村鑑三著　岩波書店

内村 鑑三（うちむら かんぞう）

1861（万延 2）～ 1930（昭和 5）年　明治～昭和時代前期の宗教家、思想家。キリスト教思想家で無教会主義の創始者、伝道者。高崎藩士内村宣之の長男として江戸に生まれる。札幌農学校を卒業後に渡米。1891（明治 24）年一高教授のときに「教育勅語」に対する敬礼を拒否して免職となる。日露戦争に際しては非戦論を唱えた。1900（明治 33）年、雑誌『聖書之研究』創刊。著書に『余は如何にして基督信者となりし乎』『基督信徒のなぐさめ』など。

［編訳者］

道添 進（みちぞえ すすむ）

1958 年生。文筆家、コピーライター。国内デザイン会社を経て、1983 年から 1992 年まで米国の広告制作会社に勤務。帰国後、各国企業のブランド活動をテーマにした取材執筆をはじめ、大学案内等の制作に携わる。企業広報誌『學思』（日本能率協会マネジメントセンター）では、全国各地の藩校や私塾および世界各国の教育事情を取材し、江戸時代から現代に通じる教育、また世界と日本における人材教育、人づくりのあり方や比較研究など幅広い分野で活動を続けている。著書に『ブランド・デザイン』『企画書は見た目で勝負』（美術出版社）などがある。本シリーズでは『論語と算盤　モラルと起業家精神』に続いて編訳。

代表的日本人　徳のある生きかた

2017年12月30日　初版第1刷発行
2020年 2 月20日　　　第3刷発行

編訳者 —— 道添 進

発行者 —— 張 士洛
発行所 —— 日本能率協会マネジメントセンター
〒103-6009　東京都中央区日本橋2-7-1 東京日本橋タワー
TEL03（6362）4339（編集）／03（6362）4558（販売）
FAX03（3272）8128（編集）／03（3272）8127（販売）
http://www.jmam.co.jp/

装　丁 —— IZUMIYA（岩泉卓屋）
印刷所 —— 広研印刷株式会社
製本所 —— ナショナル製本協同組合

ISBN 978-4-8207-1983-0 C 0010
落丁・乱丁はおとりかえします。
PRINTED IN JAPAN